华为
"奋斗者协议"

李云山 ◎ 著

民主与建设出版社
·北京·

© 民主与建设出版社，2019

图书在版编目(CIP) 数据

华为"奋斗者协议" / 李云山著. -- 北京：民主与建设出版社，2019.12
ISBN 978-7-5139-2845-8

Ⅰ. ①华… Ⅱ. ①李… Ⅲ. ①通信企业－企业管理－人力资源管理－经验－深圳 Ⅳ. ①F632.765.3

中国版本图书馆CIP数据核字(2019)第270431号

华为"奋斗者协议"
HUAWEI "FENDOUZHE XIEYI"

出 版 人	李声笑
著　 者	李云山
责任编辑	周佩芳
封面设计	回归线视觉传达
出版发行	民主与建设出版社有限责任公司
电　　话	（010）59417747　59419778
社　　址	北京市海淀区西三环中路10号望海楼E座7层
邮　　编	100142
印　　刷	三河市长城印刷有限公司
版　　次	2020年1月第1版
印　　次	2020年1月第1次印刷
开　　本	710 毫米×1000 毫米 1/16
印　　张	15.5
字　　数	200千字
书　　号	ISBN 978-7-5139-2845-8
定　　价	48.00元

注：如有印、装质量问题，请与出版社联系。

前言

华为"奋斗者协议"

在 2010 年 8 月下旬的时候,一个有关华为公司"奋斗者协议"的帖子,出现在互联网上,虽然不久即消失,却仍然在线上及线下引起了轩然大波,并持续了一段时间。

在各种议论中,对网传的这一协议非议不少。其实,对这样一份"奋斗者协议",应该看到其中的积极方面,因为从中可以看到华为公司经营管理的精华,尤其从人力资源管理的角度来看,可圈可点之处甚多。当然,对于企业中的变革,产生各种抵触和非议是难以避免的,但这肯定不是奋斗者的态度。这就正如华为总裁任正非对员工的告诫:"如果你不能正确对待变革,抵制变革,公司就会死亡……在改革过程中,很多变革总会触动某些员工的一些利益和矛盾,希望大家不要发牢骚,说怪话,特别是我们的干部要自律,不要传播小道消息。"(见任正非《华为的冬天》一文)

现在,还可以从互联网上找到不同版本的《奋斗者申请协议》,这些文本在内容上大同小异,笔者整理如下:

奋斗者申请协议

我自愿申请加入公司的奋斗者团队,成为与公司共同奋斗的目标责任制员工。

我自愿从 20××年 1 月 1 日起放弃勤奋奖励,进行非指令性加班。

华为"奋斗者协议"

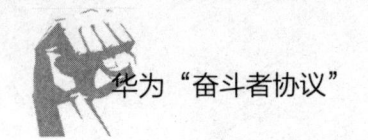

我自愿从20××年1月1日起放弃所有带薪年休假（20××年度的年休假按现行规定执行）。

我自愿从签订协议之日起，放弃产假、陪产假和婚假。

本协议自双方签字盖章之日起生效，一式两份，甲乙双方各执一份。

甲方：××公司　　　　乙方：

　年　月　日　　　　　　年　月　日

进入华为的新员工，要自愿签署这个著名的"奋斗者协议"，以成为华为的奋斗者。而申请成为华为奋斗者，就必须"放弃勤奋奖励""进行非指令性加班"，还需放弃各种休假，这里面还有一种"壮士断腕"的气概。但这是成为华为奋斗者所必需的步骤，要签署这样一份协议，的确需要痛下决心。当然，这些福利都不是白白地放弃，以后的补偿将会多得多。签署协议之后，虽然放弃了加班费、带薪年休假、陪产假等，却能保证奋斗者考核的成绩达标，并获得相应配股和分红。签署奋斗者协议的员工，虽然在一年内会少掉半个月的假期，但在年末却能获得相当于半年工资的年终奖；而普通员工的年终奖金，只相当于一个月薪水。其间的悬殊是明显可见的，华为公司会保证奋斗者的回报。

不管一个什么样的协议，其目的都是要双方达成某种默契，而在华为内部，一直都存在着一种奋斗者精神，反映出对这一"奋斗者协议"的默契。因此，在时隔近十年的今天，即使没有一个这样或那样的实际协议文本，某种无形的协议，还是应该存在在华为公司里的，也发挥着相同的作用。这样有形或无形的协议，必将不断地产生出奋斗者和奋斗者精神。

其实，华为"奋斗者协议"的意义，还不在于这个协议本身，而在于协议所反映出来的内涵，即华为的奋斗精神。这一精神已经渗透到华为公司的方方面面，如企业文化、公司制度、组织架构、经营方式、市场行为、创新等。

要读懂华为三十年来的成长历程，就要读懂华为公司的奋斗者精神，就要看到华为的员工往往都是自愿的奋斗者。而这并不仅仅在于一纸"奋斗者协议"，还在于许多与奋斗者精神相连的更深、更广的东西。

企业需要奋斗，员工需要奋斗，这"奋斗"一定不能只是某种无须付出代价的形式，必须是某种实实在在的东西。只有这样的奋斗，才有可能为企业带来高速的成长，为员工带来实际的效益和引人奋发向上的职业前景。

实际上，任何想在华为这个平台上发展的人，都必须认同华为的文化和价值观，成为一名奋斗者。因为华为公司是向奋斗者倾斜的，正如任正非所说："公司的价值分配体系要向奋斗者、贡献者倾斜，给火车头加满油。我们还是要敢于打破过去的陈规陋习，敢于向优秀的奋斗者、成功实践者、有贡献者倾斜。在高绩效中去寻找有使命感的人，如果他确实有能力，就让他小步快跑。差距是动力，没有温差就没有风，没有水位差就没有流水。我主张激励优秀员工，下一步我们效益提升就是给火车头加把油，让火车头拼命拉车，始终保持奋斗热情。"（任正非《从"哲学"到实践》，2011）任正非还说："我们公司的薪酬制度不能导向福利制度。如果公司的钱多，应捐献给社会。公司的薪酬要使公司员工在退休之前必须依靠奋斗和努力才能得到。如果员工不努力、不奋斗，不管他们多有才能，也只能请他离开公司。"（任正非《活下去，是企业的硬道理》，2000）华为公司的薪酬制度当然不是一种福利体系，否则，华为的奋斗者精神就会消磨殆尽。但因为向奋斗者倾斜的缘故，在华为公司奋斗的员工收入不菲，实际上可以享受很好的福利待遇。

任正非总是强调，任何华为员工，无论新老都需要成为奋斗者。从高管团队到每一个基层奋斗者，必须保持不懈怠的状态，只有这样，华为公司才可能活着走向明天。这也是一种员工不断得到赋能的奋斗状态。

目 录 >>>

第一章　华为成长的驱动力 / 1

　　奋斗者精神使梦想变成现实 / 2

　　志愿加入奋斗者团队 / 5

　　打造积极的奋斗者 / 9

　　无可替代的奋斗者精神 / 14

第二章　给奋斗者精神赋能 / 19

　　任正非的哲学 / 20

　　华为是奋斗者的团体 / 24

　　让故事变成现实 / 27

　　实施赋能的灰度管理 / 32

第三章　危机意识铸造奋斗者精神 / 35

　　华为的惶者生存法则 / 36

　　竞争的危机带来动力 / 42

　　建立淘汰机制 / 48

　　淘汰是要激活员工奋斗者精神 / 52

　　华为内部劳动力市场 / 55

第四章　搭建奋斗者平台 / 59

　　建构和完善狼性文化 / 60

形成奋斗者保护机制和氛围 / 64

考核与文化融为一体 / 68

目标一直都是紧盯客户 / 72

第五章　有效沟通形成奋斗团队 / 77

赋能的沟通与回应 / 78

按能力和意愿沟通 / 84

关注和落实责任 / 89

有效沟通的关键点 / 93

第六章　赋能的人力资源制度 / 97

赋能的华为薪酬福利制度 / 98

赋能的华为奖惩激励体系 / 103

赋能的华为晋升制度 / 107

赋能的华为干部培训制度 / 111

让听得见炮声的人来呼唤炮火 / 115

第七章　股权制度催生奋斗者 / 119

以奋斗者的魄力推行股权激励 / 120

股权激励是一把赋能的连心锁 / 124

利益共同体使奋斗者受益 / 130

华为股权赋能分析 / 134

第八章　授权赋能激发奋斗精神 / 139

奋斗者需要充分授权 / 140

授权奋斗者的五个关键要素 / 143

　　对不同奋斗者应权变管理 / 147

　　用提问激发奋斗者潜能 / 152

第九章　奋斗者人品描绘 / 159

　　华为奋斗者的七大品格 / 160

　　决不放弃的态度 / 165

　　一丝不苟的"工匠精神" / 167

　　奋斗者是负责任的人 / 172

第十章　奋斗者精神带来巨大活力 / 177

　　奋斗者的创新活力 / 178

　　面对市场采取有力行动 / 184

　　开阔的国际视野 / 188

　　共同奋斗产生"核能量" / 193

后　记：克服艰险、再创辉煌 / 197

附录一：任正非简介 / 203

附录二：华为公司发展简史 / 213

　　深圳华为技术有限公司 / 214

　　1987—2009 年 / 216

　　2010—2015 年 / 223

　　2016—2019 年 / 230

参考文献 / 235

第一章
华为成长的驱动力

奋斗者精神使梦想变成现实

突出表现在"奋斗者协议"上的奋斗者精神是华为成功的基础,三十年来,这一精神与华为公司相伴而行,推动着华为从一个成功走向另一个成功,使梦想变成现实。自然而然地,奋斗者精神催生了华为奋斗者文化和相应的管理制度和机制,使华为成为一个奋斗型企业或奋斗者团队。这也是一个优良的奋斗者平台,不断地给奋斗者赋能,打造着奋斗者精神,使华为奋斗者在这一平台上不断地奋斗,不断地走向新的高峰。

华为的奋斗者文化又被形象地称为"垫子文化"。这就是说,华为的员工都带着一个床垫,在加班的时候用来睡觉,华为总裁任正非在他的办公室里也有一张简陋的小床。这种员工拼命工作的现象,就是奋斗者精神的体现。华为内刊《华为人》曾经刊发一篇题为《天道酬勤》的专稿,由华为公司党委和人力资源委员会联合撰写。文章强调指出:"创业初期形成的'垫子文化',华为至今仍要坚持和传承。任正非警告道,华为走到今天,在很多人眼里看来规模已经很大了、成功了。有人认为创业时期形成的'垫子文化'、奋斗文化已经不合适了,可以放松一些,可以按部就班,这是危险的。对此,他表示:'我们还必须长期坚持艰苦奋斗,否则就会走向消亡。'"当时,任正非看到,信息产业正逐步转变为规模化、低毛利率的产业。电信设备生产厂商正在进行或即将进行的兼并、整合，就是为了应对这种挑战。这使还很弱小的华为公司面临着更加艰难的处境。为了使公司发展和生存，只能用一般人看来很"傻"的方法走出困境，那就是以奋斗者精神进行艰苦奋斗。

回首华为走过的道路，既有艰难困苦，又有无限风光，无论哪种处境都凸显奋斗者的人生境界。而奋斗者精神总是使梦想变成现实。那些年，华为曾错过 2G 市场，在 GSM 上投入了十几亿元的研发经费，早在 1998 年就获得了全套设备的入网许可。但打拼了 8 年之后，在国内无线市场上仍没有占到足够的份额，可能连成本也没有收回。后来，华为又对 3G 展开了更大规模的研发和市场开拓，每年都有近 10 亿元的研发投入。又坚持了 8 年，因国内市场难以收回成本，华为公司不得不到国际市场寻找生存空间。任正非强调，华为已进行了多年的国际化，一定要坚定地走下去。这正是奋斗者精神的体现。

到了 2014 年，华为 70% 左右的销售收入来自海外，全球共拥有 15 万员工，为 170 多个国家和地区提供服务。华为也在 2014 年登上世界电信设备商排名的顶峰，其盈利额比后面三名加在一起的总和还要多。而雄厚的研发实力，有力地支撑了华为在国际市场的开拓。目前，华为每天都会申请 8 个专利，在 2008、2014、2015 等年里，华为获得的专利数量都居世界第一。历年研发的经费，并没有白白投入，公司在奋斗中越做越强大。

任正非看到，在海外市场，华为公司的差异化优势主要是满足客户需求比较快，这正是奋斗者的特色。如泰国的 AIS，华为因比对手项目的实施周期少了 3 倍，就获得了服务泰国 AIS 的机会。但在进入国际市场数年之后，这些

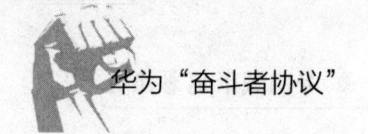

市场刚有了一些起色,华为又面临比以前更严峻的外部环境。任正非说:"我们刚指望获得一些喘息,没想到又要开始更加漫长的艰苦跋涉。"(见任正非《天道酬勤》一文)虽然这时候的华为,已进入100多个国家,但国外的不少市场就如同刚爬上去的滩涂一样,华为随时都可能被赶回海里。

业务和网络技术在转型,客户需求正发生着深刻变化,市场和产业都变幻莫测,刚积累的经验和技术又一次存在着自我否定的可能,华为的发展形势还是十分严峻的,还需要以奋斗者精神进行不懈地奋斗,而华为的奋斗者正是这样做的。

今天,华为品牌已逐渐得到了国际市场认可,其销售额不断地快速增长。华为公司海外销售额1999年达5亿美元,2001年达32亿美元,2002年陡升为55亿美元。2016年,华为发布2015年年报,宣布2015年全球销售收入为3950亿美元,海外收入占到58%。而华为的价格优势,也对国际业界巨头产生了巨大冲击。展望未来,奋斗者精神还将使华为的梦想不断地变成现实。

志愿加入奋斗者团队

奋斗者，就是有自己奋斗目标和理想的人，这样的人会不断地努力工作，持续地向着目标接近。具体地说，奋斗者有能力、有意愿、有业绩、有贡献，在企业中是价值的持续创造者。由于有使命感，就能保持一种艰苦奋斗的精神。奋斗者勇于自我批评，不断接受挑战，由此实现自我超越。奋斗者还有强烈的团队意识，与奋斗伙伴共享价值观，在良好的团队合作中推动群体奋斗。总而言之，奋斗者付出多、愿意做贡献，给自己提出富于挑战性的绩效目标，坚持不懈地为目标进行卓越的奋斗。

当然，成为奋斗者肯定是需要付出一些代价的，这就要求奋斗者的申请，必须出于个人的自愿。实际上，这份协议本身就特别强调自愿的原则，在上述短短的协议文本中，"自愿"二字就出现了四次之多。在2010年8月下旬，华为公司发给部分中高层管理人员的一份电子邮件中，也强调自愿原则："公司倡导以奋斗者为本的文化，为使每位员工都有机会申请成为奋斗者，请您与部门员工沟通奋斗者申请的背景与意义，以及具体申请方式。在他们自愿的情况下，可填写奋斗者申请，并提交反馈。"

如果不是出于自愿，就不可能成为真正的奋斗者，对于任何公司都是如此。任何一个人的人生奋斗，也都是出于自愿，这些自愿的人生奋斗才能给生活带来光彩。

每一位真正的奋斗者，都是出于自愿的奋斗者，华为公司相当清楚此中的道理。因此，华为专门为奋斗者建构了一整套绩效考核制度，由此可以将真正的奋斗者甄别出来。当然，好的制度并不能确保具有百分之百的准确性，就如任正非曾经说过的，没有绝对的公正与公平，只有相对意义和总体上的公平与公正。但一个人究竟是不是真正的奋斗者，会在以后的奋斗历程中得到验证。无论如何，自愿总是奋斗的基础，有了这个基础，就能产生奋斗的结果。由结果又能看到一名员工自愿的、真正的奋斗者精神。

当华为员工签署"奋斗者协议"时，就是在表达自愿的精神。华为新员工转正之后，都需面对是否申报奋斗者这一选择。如决定申报，那就要自愿与华为签署"奋斗者协议"，被公司认定为奋斗者，公司也会在未来给员工赋能，不断培育员工的奋斗者精神。这是一个初步的甄选，如不签"奋斗者协议"，这样的员工仍然可以拿到工资，也可能得到公司的任用和涨薪，还能因业绩好而获得按华为绩效政策发出的绩效奖金。不过，不签协议者将没有华为股权。这也是出于自愿的选择。在华为公司，股权只分配给奋斗者，而不签署"奋斗者协议"，将没有华为虚拟股票的分红权。可见，华为奋斗者的自愿态度是实实在在地与自身的利益相挂钩。而且，只要员工有这一志愿去签署协议，即使奋斗者精神还不充分，也能得到公司的培养，成为一名真正的奋斗者。

华为的绩效考核制度，能在相对和总体的层次上保持公平和公正，根据不同的奋斗者级别层次评定奋斗者，这也促使员工自愿加入到奋斗者队列中。

这一套绩效薪酬制度，首先保证了工作目标的明确、成效标准的可操作性，这就夯实了自愿成为奋斗者的基础。而华为的差额评估体系，也大体保证了最有奋斗者精神的人，能够得到高级别的评价和酬劳，以公平、公正催生自愿的奋斗者精神。这也表明，华为的奋斗者大体上都是自愿的，只是可能在自愿的程度上有一些差别。如果不是出于自愿，以后必然会跌落下来。

企业也要有意识地稳定奋斗者队伍，这就需要培育员工自愿加入奋斗者队伍的决心和态度。要做好这一工作，企业管理层对下属的传、帮、带，发挥着重要的作用。华为公司清楚地意识到这一点，其管理人员的几种做法值得学习：

（1）管理人员重视辅导和指导下属的工作。在这一工作中借助于完善的制度体系，能清楚表达自己对下属的期望，并在管理下属时有较强的数据或量化管理意识。

（2）绩效评估即是管理。管理者花许多时间进行人员评价或评估，又结合评价工作进行管理，以评价促进管理。对于评估出来不同级别的奋斗者，都有一个激励、培养措施，还要从中选择干部。华为的管理层相当重视上述这些方面的工作。

（3）华为有相对完备的薪酬和绩效管理制度体系，具有量化或数据化的特点，为管理人员公平、公正地管理打下了良好的基础。这又加强了员工自觉、自愿的奋斗者精神。

自愿的奋斗者精神，既是华为这样奋斗型企业的核心价值之所在，也有其深厚的社会文化基础。因此，有许多人自愿签署华为"奋斗者协议"就不是一件奇怪的事。正是因为这种自愿精神的存在，许多人离开华为公司以后，都会产生某种感触：还是华为能让想干事的人干得舒畅，还是华为能让干成了事情的人感到快活。

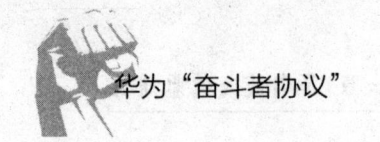

中华文化的"天行健，君子以自强不息"的精神，数千年来造就了无数中国人自强不息和吃苦耐劳的奋斗精神。表现在当代企业中，就是一种奋斗者精神，华为公司的奋斗者团队就是一个明显的例子。实际上，20世纪70年代后，日本经济的又一次崛起、亚洲四小龙的出现，都与这一传统精神有关。这一精神也使中国经济在近几十年得到快速发展。

自愿的奋斗者作为真正的奋斗者，实际上就是具有雷锋精神的人，对于这样的人，华为公司当然不会亏待，而是给予相应的高回报。任正非说："在核心价值观中写进决不让雷锋吃亏，奉献者定当得到合理的回报，这在有些人看来，不免感觉刺眼。华为无意与当今的世风论短长，华为也不宣传让大家都去做雷锋、焦裕禄，但对奉献者，公司一定给予合理回报，这样才会有更多的人为公司做出贡献。这既是核心价值观，也是公司的基本价值分配政策。"（任正非《走出混沌》，1998）"决不让雷锋吃亏"也就成为华为公司核心价值观和薪酬制度的一部分。自愿的奋斗者还是一名贡献者，对于这样的贡献者，华为公司当然会在回报上给予倾斜。任正非说："我们的待遇体系强调贡献，以及以实现持续贡献的能力来评定薪酬、奖励。有领袖能力、能团结团队的人，是可以多给予一些工作机会，只有他们在新的机会上做出贡献，才考虑晋升或奖励。不能考虑此人有潜力时，就放宽他的薪酬。茶壶里的饺子，我们是不承认的。"（任正非《关于人力资源管理变革的指导意见》，2005）

当然，自愿是奋斗者精神的基础，每一位真正的奋斗者都是自愿的。即便如此，华为公司还是时时刻刻都注意培养奋斗者团队的自觉、自愿精神，包括从物质和精神方面予以激励和赋能，使这种自愿的精神发扬光大。

打造积极的奋斗者

华为公司成功的秘诀,在于"以客户为中心,以奋斗者为本"的企业宗旨。其中,客户是中心,而奋斗者是华为的根本。华为的企业文化堪称为奋斗者文化。华为高级副总裁周代琪曾经谈到华为公司奋斗者文化的含义:"华为在企业管理流程上,以奋斗者为本,不让奋斗者吃亏,企业懒汉的懒惰只会使企业落后。"这也说明,华为是一家奋斗型的企业,这样的企业应该由奋斗者组成,这就要求在企业中不断地酝酿奋斗者精神,不断地打造出奋斗者。

华为公司坚持以奋斗者为本,这种理念得到了从上到下的认同,并为之打造了一个相应的企业环境。在华为总裁任正非看来,机会要向奋斗者倾斜,"要让'诺曼底登陆'的人和挖'巴拿马运河'的人拿更多回报,让奋斗者和劳动者有更多利益,这才是合理的"(冠良《任正非管理思想大全集》,2011)。对此,任正非还说过:"不奋斗,不付出,不拼搏,华为就会衰落!拼搏的路是艰苦的,华为给员工的好处首先是苦,但苦中有乐,苦后有成就感,有收入提高,对公司未来更有信心。快乐是建立在贡献与成就的基础上,关键是让谁快乐。企业要让价值创造者幸福,让奋斗者因成就感而快乐,如果企业让懒人、庸人,让占着位子不作为、混日子的人快乐,让制造工作而

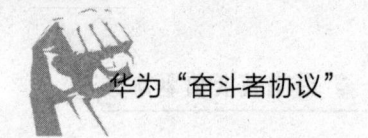

不创造价值的人都幸福和快乐，这个企业离死亡就不远了。企业完蛋了，员工还会快乐吗？华为人的付出不是白付出，而是要让付出者有回报。华为要回报价值创造者，机会要向奋斗者倾斜，我们奉行不让雷锋吃亏的理念，建立了一套基本合理的评价机制，并基于评价给予回报，尽量给员工提供好的工作、生活、保险、医疗保健条件，给员工持股分红并提供业界有竞争力的薪酬。华为倡导以奋斗者为本，华为的人力资源机制和评价体系要识别奋斗者，价值分配要导向冲锋；价值分配要以奋斗者为本，导向员工的持续奋斗，激励奋斗者。我们讲艰苦奋斗，不是不关心员工身体健康和办公条件的改善，而是要在不断改善工作和生活物质条件的基础上，思想上始终保持艰苦奋斗的精神，行动上一切以客户为中心，竭尽全力持续为客户创造价值。"（综合摘自黄卫伟《以奋斗者为本》，2014）这就是说，华为离不开奋斗者精神，打造积极的奋斗者关系到华为公司的生死存亡。

奋斗者精神是华为的企业核心价值，这种精神表现在华为奋斗者的身上，这样的人包括长期奋斗的华为员工和任正非型的企业家。

华为作为一家奋斗型企业，不仅追求财务业绩、市场业绩的最优，甚至也追求技术上的最优。第三个最优为前两个最优奠定了基础，形成了企业的核心竞争力，以至于使华为拥有全球第一的发展势能。而华为公司行业第一的技术能力，还有一个更深层次的活力之源，那就是作为企业核心价值的奋斗者精神。华为也刻意建构这种精神，不断地打造奋斗者。其做法的独特之处，尤其表现在如下几个方面：

（1）华为的奋斗者都是自愿的。正如上文所论述的，不是出于自愿的奋斗者，都不是真正的奋斗者，都会使一切奋斗落空。这尤其从签署"奋斗者协议"一事表现出来。

（2）华为的奋斗精神绝不是蛮干。华为公司是从管理优势、技术能力、精神磨炼等方面培养一名真正的奋斗者，也正是在这些奋斗者的奋斗下，华为以一个通信设备企业，将手机做到全球领先的水平，这就达到了不断奋斗的出色境界。

（3）华为明确地宣布"以奋斗者为本"。这就使奋斗者精神成为华为公司的文化灵魂，鼓励员工要不断地艰苦奋斗。当然，华为的企业文化核心还包括"以客户为中心"。

（4）华为给所有的奋斗者指出了一条可行的道路。这就是说，华为对奋斗者提出的许多要求，都是可以达到、可以操作的。遵照华为规定的路子走就可以得到一名奋斗者应该得到的一切，如奖金、薪水、分红等。华为的所有激励资源都与奋斗挂钩。

（5）华为对奋斗的要求具有适应性。面对不同的外部环境和内部需要，华为公司也提出了有所不同的奋斗要求。因此，华为的奋斗精神是分层次、分阶段的，随着形势的不同而向前发展。华为早期的奋斗精神，形成了当年的"床垫文化"，也推动了国外艰苦地方的市场开拓。后来的奋斗精神则强调坚持不懈，强调有效地执行。

6.华为注重对奋斗结果进行有效的价值评估。奋斗结果反映奋斗精神，对结果的评估必须公平、公正。因此，华为公司建构了任职资格评估、职位评估、劳动态度评估、干部选拔与任用、绩效改进管理这5大系统，用于对奋斗者的评估。

实际上，有一种人是生来的奋斗者，他们总是精益求精，努力在创新中开

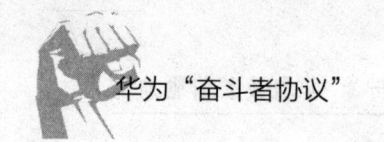

拓、奋斗。这种人很适合在华为那样的奋斗环境中工作，堪称为奋斗型人才。当然，一个企业还必须提供相应的前提条件，生来的奋斗者才可能发挥其奋斗的天性。而且，企业中的奋斗型人才，即使不断地从外部招聘，仍然只占少数，在企业中所占比例常常不足10%。因此，企业的成长还需要依靠自己打造出来的奋斗者。华为的实践表明，人都有奋斗的需要，每一个人都可以成为奋斗者，关键是要有奋斗的意愿。从这个意义上说，生来奋斗者与后来奋斗者的界限就不明显了，甚至消失了。奋斗型企业要注重自己打造企业的奋斗者。

华为总裁任正非曾经指出，如果员工不认同企业的方向，那就需要设计一种力量让员工认同，时间一长，企业的文化和价值观就会变成他们自觉的行动，这就是给员工赋能，使之成为一名奋斗者。华为的做法是从全部的激励资源着手，包括企业文化在内，用于建造员工的奋斗者精神，打造企业的奋斗者团队。其落足点在于设立赋能的制度体系，包括下述方面：

（1）建构压力和淘汰制度。按奋斗意愿、奋斗程度、工作绩效等，以制度甄别出处分、辞退、学习培训、扣奖金的对象，并按制度严格执行。让资深的不合格者按制度退居二线。当然，也需慎重评价有关对象是否还具有持续奋斗的潜力与意志，这要在制度上反映出来。

（2）重视给员工中的奋斗者进行精神赋能。华为总裁任正非很善于给员工赋能，常常通过演讲等方式激励员工。华为的中高层管理人员也是如此。通过这样有效的沟通，就能够让企业价值观、制度及执行结果等广为人知。员工由此而清楚奋斗和不奋斗的结果，知道哪些人因不奋斗而遭到淘汰、哪些人因奋斗而获得奖励。这也使企业的奋斗者文化得到落实。

（3）建立公平、公正的评估制度。在公平、公正评估规则中，应加进组织要求的奋斗意愿、奋斗程度、工作绩效等标准。这些标准包括能力的评估、职级的评估、态度的评估、管理能力的评估、业绩成果的评估等。评估制度是与以下分配制度、升迁制度密切关联的。

（4）建设合理赋能的分配制度。企业的一切可供分配资源，包括精神和物质方面的激励手段，如薪酬、奖金、荣誉奖励、年金、股权、各种福利等，都需按员工的奋斗精神、奋斗意愿、奋斗成果来给予。当然前提是经过了公平、公正的评估。

（5）打造赋能的升迁制度。从员工职级的提升，到中高层管理人员的提拔和甄选，以及专业决策人员的产生，都要与奋斗精神、奋斗意愿、奋斗成果相联系。对于资深人员，还要与其是否仍具有持续奋斗的潜力与意志相联系。

无可替代的奋斗者精神

奋斗者精神是华为的经营和成长驱动力,因此,对于华为而言,奋斗者精神是无可替代的。当然,任何一个追求有质量、可持续成长的企业,都需要具有奋斗者精神这一企业核心价值。对于这样的企业而言,奋斗者精神也是无可替代的。

华为的企业核心价值已经开花结果,形成了一个有层次的核心价值结构。在最外面一层,展现出企业在市场和技术等方面的超强竞争力,这一竞争力是综合性的;往里面一层,就是奋斗者长期奋斗的直接成果,体现为企业中的知识积累以及企业持续积累文化IP的特别能力;再往里一层,就是企业中的奋斗者群体,这是一些为实现企业和个人价值而自愿奋斗、坚持不懈的人;最核心的部位,就是奋斗者精神的核心价值观及其具体的表现。这一结构形态,支撑了奋斗型企业的持续发展和增值,其中,奋斗者精神是无可替代的。比较而言,国内大多数的民营企业,现今还处在从粗放经营转向追求有质量、有成长的阶段,这当然不能适应知识经济带来的改变。与过去企业中的蓝领或白领劳动者不同,现在企业面对的是知识型劳动者,分享企业所创造的价值成为企业转型的当务之急。知识型劳动者的良好绩效,全来源于成为一名积极的奋斗者，企业应该为这样的成长准备好前提条件，而不是扼杀奋斗者。华为的成功在于与知识型劳动者共同分享企业成长带来的财富。分享，能促使这些知识型劳动者以奋斗者精神更多地创造价值，不断地分享，就不断地创造价值。在现今的时代，知识驱动着整体经济的发展，也就是说，知识经济成了企业成长和增值的主要动力。其中的知识型劳动者，就在知识经济时代成为创造财富的主力，但创造的动力却是奋斗者精神。华为把握住了这一时代节奏，打造了一群有奋斗者精神的人，对于这些知识型劳动者或奋斗者，华为也愿意付出奋斗者应有的的高额回报。毫无疑问，华为公司的做法是一个成功的典范。

华为从自身实际出发，构建了一个奋斗者管理体系，这一制度体系的重心是给奋斗者赋能，也就是激励知识型劳动者。华为的经验表明，奋斗者精神和奋斗者能将中国的企业变成奋斗型企业，从而在市场和技术等方面都走在全球的最前沿，取得国际竞争的优势地位。当然，中国企业的持续成功也在于奋斗者精神。

在知识经济的时代，新一代的知识型劳动者已逐渐成为企业的生力军。这些人在不具有造就奋斗者前提条件的企业里，将不会具有奋斗者精神，因为这些工作不符合他们所追求的价值。这是一些必须成为奋斗者才能成功的员工，在一个非奋斗型的企业里，这些新一代知识型员工将不会积极投入工作。这是所有以传统方式经营的企业都须认真对待的问题，没有太多的选择余地，企业不奋斗，也没有奋斗的员工，企业就只能等待淘汰了。

在新的知识经济环境里，传统的员工互动模式被证明是没有什么效率的，也难以给员工赋能，更别想产生奋斗者，同时，原有的薪酬、激励模式也行不通了。员工需要被企业赋能，需要得到一个能激励人的方向，一味要求员工忠

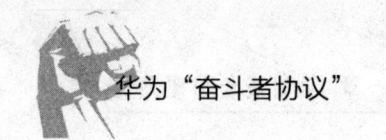

诚、服从、为企业做贡献，只能引起愈来愈激烈的冲突，或造成其他管理问题。华为开创出来的路子值得学习，企业需要向奋斗型转变。面对着这种新的用工环境，老板和高管需要尊重员工的专业选择和劳动意愿，也须重视新型员工对于从工作中得到成就感的要求，要以赋能来回应这些员工在新环境下做出绩效、获得物质和精神回报的心愿，使他们成为自愿的奋斗者。因此，企业要转型，要学习华为模式，需要在企业中打造适应奋斗者的系统工程。当然，在一个供需尚处于平衡的市场环境里，公司如只想赚一点钱就好，企业上下都可以发点财，老板多赚一点，那就不用实施奋斗者系统工程。在这类企业中没有奋斗型人才关系也不大，即使有奋斗型人才，也会很快消沉下去，最后就被淘汰了。但公司想在新经济环境中持久地生存，就必须建立起能持续生存的根基，给出一个可以真正站得住脚的说法。

企业要有合乎时代要求的核心价值，要变成一个奋斗者团队。否则，想持续发展只是幻想，要继续生存下去也会越来越难。有了核心价值和奋斗者精神，企业就能实现长久的持续生存和增长，这是一种有质量的成长。

当企业在业内、在市场中都表现出其成长质量时，这就印证了其进行了实实在在的转型，也说明公司正走在正确的方向上，就像华为公司所表现出的成长质量，并且具有全球性的影响。当然，这是一种高标准。苏宁也是一家追求有成长质量的公司，实际上这家公司正在建造自己的奋斗者队伍，有一些做法近似于华为。苏宁这些年一直奋力变革，一个主要方向是使公司更多地与互联网相联结，实现线上线下的一体化，这将使公司得到再造。苏宁探索和推动建设事业合伙人机制，这与华为股权制加奋斗者的模式有类似处。在企业中，事业合伙人应该都是奋斗者。二者之间虽有一些不同，但有一个共同点可以肯定,就是在当今知识经济的时代里,企业需要奋斗者和奋斗者精神,也需要转变成奋斗型企业。

任正非曾论述到奋斗者和劳动者待遇的不同:"将来在奋斗过程中强调奋斗者和劳动者薪酬可以不同,我们强调对劳动者要严格按法律来保护。比如说要有带薪休假,超长的产假……什么都行,但是你的工资水平只能与业界相比,而不是华为的内部标准,只拿固定的年终奖励。奋斗者要自愿放弃一些权利,比如加班费等,但他们可以享有饱和配股,以及分享年度收益。他们的收入是波动的,效益好,他们收入应该很高,效益不好,他们收入比劳动者差。他们的付出总会有回报的。"(《任正非与IFS项目组及财经体系员工座谈纪要》,2009)奋斗者与劳动者的这些不同,在新经济时代将会表现得越来越明显,反映出奋斗者在企业中无可替代的地位。这还是说,奋斗者精神对于企业来说是无可替代的。

第二章 》》》
给奋斗者精神赋能

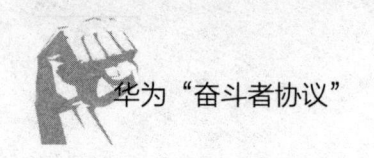

任正非的哲学

作为中国最神秘低调的总裁、华为的创始人，任正非成功带领华为进入全球500强，成为世界第二大电信设备供应商。他带领华为取得如此辉煌的成绩，令人惊讶的是个人持股却不到1.5%。

任正非出生在贵州安顺镇宁县的一个小村庄，著名的黄果树大瀑布就在那里。他父母都在学校教书，父亲在北京上过大学。在兄妹7人中，任正非是老大，全家人的生活都靠父母微薄的工资维持。高中的时候，任正非常常饿得发慌，就用米糠充饥。年少时的生活经历，使"要活，大家一起活"的意念深植在任正非心中，并成为他创业后坚持利益共享的思想基础。任正非19岁考进重庆建筑工程学院（现与重大合并），在父亲叮嘱下，他排除干扰，努力学习哲学、数学，还自学三门外语，学习数字技术以及自动控制、计算机等技术。后来，任正非当了通讯兵，获得多项技术发明，两次填补国家空白，33岁时还因技术成就突出被选为军方代表，赴北京参加全国科学大会。任正非结婚时，家庭拮据状况并未发生改变。当时任正非和父母、侄子同住在一间十多平米的小房里，平时在阳台上做饭。为缓解生活压力，43岁的任正非决定干一番事业，用2万元启动资金创办了华为，销售通信设备。任正非熟悉通信设备，公司在开始两年主要代销香港 HAX 交换机，靠价格差获利。代销是一种风险小又能稳定获利的方式，经过两年摸索，华为财务状况有了好转。但任正非并没有拿赚来的钱去改善生活，而是投入到公司的经营中，让华为很快进入持续发展的轨道。

华为创办两年后，参加香港电信展，这个展邀请全球 50 多个国家 2000 多名电信官员、代理商和运营商参加。华为的接待就耗资 2 亿港元，2000 多人往返都乘坐商务舱或头等舱，住在五星级宾馆，离开时还带走了上千台笔记本电脑。华为在国际电信界展示了自己的实力，结果得到了丰厚的回报，2000年华为开始进行全球扩张，市场份额逐渐扩大。

任正非有他自己的哲学，而且与企业实践紧密联系，这也是华为获得成功的重要原因。任正非在华为内部提倡狼性文化，认为狼是企业学习的榜样，狼性永不会过时。正是基于这一思维，华为的成长就是一部不断从虎口夺食的历史，面对大老虎时刻都不懈怠。华为进军美国就是一场经典的"虎口夺食"战。

华为进入美国市场，立即受到数据通信行业居领导地位的思科公司阻击。2003 年思科起诉华为美国分公司及华为中国总部，称前者仿制思科产品，侵犯知识产权。华为一面聘律师应诉，一面着手跟思科在美国的死对头 3Com 公司合作，这年 3 月华为和 3Com 公司共同成立合资公司"华为三康"。任正非运用其哲学思维，抛出合纵连横奇招，击败了思科的围剿。后来双方和解，华为解决了在美国扩张市场的拦路虎。2011 年 12 月，任正非写下《一江春水向东流》一文，揭示华为崛起的重大秘密是全员持股。当时任正非持股不到 1%，其他股份都由员工持股会代表员工持有。如员工离职，就按所持股份立刻拿到钱，但离开公司后就不再持有华为股份。这一设计在全球是独一无二的。

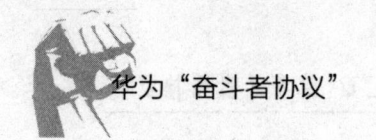

任正非是一位立足实践的哲人,在他的管理思维指导下,华为实现了快速发展,同时又伴随着企业哲学思想的发展。华为初创期的生存环境非常恶劣。为在跨国公司的挤压中生存,任正非使用"农村包围城市"的军事哲学思想,从当时国外通信巨头无暇顾及的三线城市入手,逐渐占据市场份额,扩大企业的生存空间。此后,华为进入企业高速发展时期。这时任正非多次走出国门,考察、学习西方先进思想和文化。这一次任正非用"削足适履"来比喻华为进行的管理变革,以奋斗者精神确保先进的管理方式在华为落地。这就实现了融会贯通,形成华为独特的企业哲学。

历经八年波澜迭起的国际化道路,2005年华为海外收入首次超过国内收入,成为一家真正的国际化企业。这时,任正非提出,企业生命不是企业家的生命,应建立以生存为底线、以客户为中心的管理体系,不能依赖企业家个人决策。他认为企业管理就像修好堤坝的长江,要让江水在其中自由流淌。任正非在华为"2012实验室"专家座谈会上的讲话,从广度和深度上标志着其企业哲学思想的形成。这种企业哲学思想有如下特点:

(1)来自内心深处的危机意识。这一危机意识不仅来自竞争对手,正如任正非所说:"我们公司的太平时间太长了,在和平时期升的官太多了,这是我们的灾难。泰坦尼克号也是在一片欢呼声中出海的,但最终酿成了那样的灾难,我相信这一天一定会到来。如何处理这样的未来,我们是不是思考过?很多员工盲目自豪,盲目乐观,不考虑这个问题,灾难很快就要来临。居安思危,不是危言耸听。"(摘自任正非《华为的冬天》一文)

(2)内在超越的义利观念。任正非的义利观超越了企业是功利性组织这一现实。当然,企业首先要活下去,没有利润企业就会死亡,但企业也是社会组织，需创造就业、合法纳税并守法经营。他要求华为员工成为奋斗者，要热爱华为、热爱祖国、热爱人民。他自己在对待个人利益上，也能以身作则。

（3）任正非的哲学带着浓郁的军事风格。任正非经历过南来北往近十年军旅生涯，获得过众多荣誉和奖励，这是任正非企业哲学带有浓郁的军事风格的重要原因。在他的讲话中常出现正规军、炮火、土八路、新兵蛋子、统帅、将军等军事或军事史词汇。对于企业文化，则表现出"狭路相逢勇者生""胜则举杯相庆，败则拼死相救"等军事化思维。任正非还用地区部、片联、重装旅来形容企业组织，用"压强原则""农村包围城市"来描述企业经营战略。

（4）思维具有能融会贯通的特点。任正非酷爱学习，知识面广，他能够将所学知识融会贯通，思想远远超出了企业管理的范畴。他的哲学既受近现代的影响，如"批判与自我批判""农村包围城市"等，也善于运用中国古代传统智慧，提出"无为而治""利出一孔""深淘滩，低作堰"等。他讲二战时美国英雄人物"蓝血十杰"，也引用古希腊神话的"丹科"，演讲还时常出现乌龟、凤凰、狼狈、猫头鹰、眼镜蛇、黑寡妇等词汇。

华为是奋斗者的团体

华为是一个奋斗者的团体，在奋斗者的团队中，奋斗者指导奋斗者是理所当然的事。因为这个缘故，华为实际上是一个奋斗者的平台，其中，每一位上级都是老师，每一位同事都是奋斗伙伴，每一位下属都能激发上级的奋斗者精神。实际上，下属也在给上司赋能，因为每一位下属都需要来自上司的赋能，这就推动每一位身在上级地位的奋斗者不断地使自己充满奋斗者精神。这一奋斗者团体的实现，尤其表现在全员导师制上，这在一个奋斗者的团体中形成了一个积极的压力环境。

华为全员导师制，与国有企业过去的师徒制有相同之处，也存在较大的不同。实际上，全员导师制最早来自于中研部党支部设立的以党员为主的思想导师制。开始时华为全员导师制主要针对新员工，后来推广到整个公司，所有员工都有导师，全方位打造奋斗者。不仅生产系统如此，客服、后勤、营销、行政等系统也都如此。华为的目的是通过"一帮一、一对红"培养奋斗者。即使是工作多年的老员工，一旦被调整工作岗位，也需要安排导师，可能导师比他资历低、工龄短，甚至是进入华为一两年的新员工。导师的职责包括技术和业务上的传、帮、带，还有思想指引、生活细节上的辅导等，范围比较宽泛。

为落实全员导师制，华为对导师进行物质激励，每月给导师补助300元导师费，还定期评选优秀导师，选中者能得到500元奖励。华为还将导师制上升到培养奋斗者的高度来认识，在制度中严格规定：未担任过导师的员工不得提拔为行政管理者，未继续担任导师的员工就不能再晋升。

全员导师制对建构华为奋斗者团体至关重要。通过全方位、全系统的全员导师制，可形成培育奋斗者的良好企业氛围。对于新员工来讲，可迅速地融入奋斗者团体，从感情上、思想上尽快认可奋斗者文化和制度，还可以增强员工的奋斗者荣誉感，尤其是入职时间不长就成为导师的员工，会在工作中更严格地要求自己，以奋斗者精神在新员工面前起带头作用。

在以全员导师制为中心架构的奋斗者团队中，华为强调向奋斗者倾斜，这当然意味着奋斗者能得到丰厚的回报，但丰厚的回报还必须要有压力作支撑，需要将压力转化为动力。向奋斗者倾斜的前提是"以贡献为准绳"，贡献即奋斗者带给企业的利益。回报与贡献挂钩，就能充分调动员工的工作积极性，体现企业的公正与公平。

这也是华为的指导思想。任正非说："我们的待遇体系，是以贡献为准绳的。我们说的贡献和目标结果，并不完全是可视的，它有长期的、短期的，有直接的、间接的，也包括战略性的、虚的、无形的结果。"（摘自任正非《在人力资源管理纲要第一次研讨会上的发言》）因此，华为采取与贡献、能力相吻合的职能工资制，按照贡献与责任来确定任职资格，按照任职资格确定员工的职能工资。奖金的分配完全与个人绩效和部门的关键目标绩效挂钩，安全退休金等福利的分配则以工作态度的考评结果为依据，医疗保险按贡献和级别拉开差距。

三十年来，华为坚持以奋斗者为本、机会要向奋斗者倾斜的理念。正如

华为"奋斗者协议"

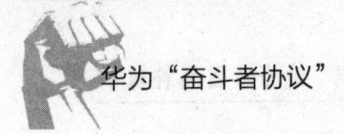

任正非所说:"不奋斗,不付出,不拼搏,华为就会衰落。拼搏的路是艰苦的,华为给员工的好处首先是苦,但苦中有乐,苦后有成就感,有收入提高,对公司未来更有信心。快乐是建立在贡献与成就的基础上,关键是让谁快乐。企业要让价值创造者幸福,让奋斗者因成就感而快乐,如果企业让懒人、庸人,让占着位子不作为、混日子的人快乐,让制造工作却不创造价值的人都幸福和快乐,这个企业离死亡就不远了。企业完蛋了,员工还会快乐吗?华为的薪酬制度就是要把落后的人挤出去,'减人、增产、涨工资'。"(冠良《任正非管理思想大全集》,2011)

向奋斗者倾斜,也要求奋斗者以奋斗精神做出回报,任正非用"进了华为,就是进了坟墓"形容这一过程。任正非还提到:"有人问我,我们到底到什么时候才能松口气?我说只有到棺材钉上时才能松口气。"(冠良《任正非管理思想大全集》,2011)可见,华为公司的奋斗者一直没有停歇自己的脚步,这一点在技术人员身上表现得尤为明显。在任正非看来,真正的奋斗者只有持续奋斗,直至进入坟墓为止。事实上,"奋斗到最后"是华为迅速成长,并在国际市场上迅速推进的秘密。的确,华为是一个实实在在的奋斗者团体。

让故事变成现实

多年来,任正非喜欢讲故事,这是他对华为奋斗者赋能的独特方式。他用这些借代或比喻,从不同角度诠释华为的战略、人力资源政策、发展趋势及面临的挑战。他的故事生动有趣,同时也包含了深刻的企业管理思想与哲学。任正非是一位有着丰富思想的哲人,但却能用形象的故事和比喻,避免因谈论管理理念而陷入拖沓冗长的无趣空谈之中。

在1997年,任正非说:"跨国公司是大象,华为是老鼠,老鼠打不过大象,但是老鼠要有狼的精神。"(冠良《任正非管理思想大全集》,2011)那时候,有的媒体将华为公司比喻为"土狼",任正非就将对手比喻为狮子,以此阐述华为的竞争战略:"以100对1的兵力蚕食狮子的边缘战场,直至腹心;以对中国本土市场无与伦比的适应性和理解能力,运用各种'不规则竞争手段',在复杂的利益关系中穿梭,使狮子的技术优势变得苍白无力。"(冠良《任正非管理思想大全集》,2011)经过30年发展,老鼠已变成狮子,而当时的那些大象,有的已经倒下。随着华为的高速发展,任正非讲述的故事也在不断改进。

任正非讲故事,目的是要让故事变成企业的现实,这有时候看起来像是电视冒险节目走下了荧屏,真的变成生活中实实在在的事实。下述故事反映了

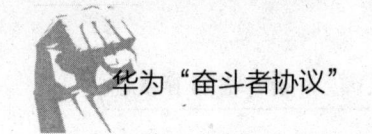

任正非的管理思想和经营理念，也记录了华为通过奋斗而获得成功的经历。

故事一：跳芭蕾的女孩要有一双粗腿。任正非说："世界是在变化的，永远没有精致完美，根本不可能存在完美，追求完美就会陷入低端的事物主义，越做越糊涂，把事情僵化了。做得精致完美，就会变成小脚女人，怎么冲锋打仗？以前我认为跳芭蕾的女孩是苗条的，（后来知道她们）其实是粗腿，很有力量的，脚很大的，是以大为美。华为为什么能够超越西方公司，就是不追求完美，不追求精致。"（冠良《任正非管理思想大全集》，2011）华为公司就像"有一双粗腿的跳芭蕾的女孩"，在经营管理中保持均衡，又像一名奋斗者有力地前行。

故事二：老鼠很灵活，不断地调整着方位。任正非说："我们的对手足够强大，强大到我们还没有真正体会到。我们和竞争对手比，就像老鼠和大象相比，我们是老鼠，人家是大象。如果我们还要保守，还要僵化，还要故步自封，就像老鼠站在那里一动也不动，大象肯定一脚就把我们踩死了。但是老鼠很灵活，不断调整方位，一会儿爬到大象的背上，或者钻到大象鼻孔里，大象老踩不到它，就会受不了。我们必须要有灵活的运作机制和组织结构体系。"（冠良《任正非管理思想大全集》，2011）华为正像一只"灵活的老鼠"，灵活地调整着自己的运作机制，由此取得市场优势。

故事三：执行"狼狈"组织计划。任正非说："企业就是要发展一批狼，狼有三大特性：一是敏锐的嗅觉；二是不屈不挠、奋不顾身的进攻精神；三是群体奋斗。企业要扩张，必须有这三要素。所以要构筑一个宽松的环境，让大家去奋斗，在新机会点出现时，自然会有一批领袖站出来去争取市场先机。市场部有一个'狼狈'组织计划就是强调了组织的进攻性（狼）与管理性（狈）。当然，只有担负扩张任务的部门，才执行'狼狈'组织计划。其他部门要根据自己的特征确定自己的干部选拔原则……"（摘自任正非《华为的红旗到底能打多久》）就是说，华为的"狼文化"要体现在经营管理中，发展要有"狼狈"组织计划，以此发挥奋斗者精神。

故事四：最佩服的勇士是蜘蛛。任正非说："世界上我最佩服的勇士是蜘蛛，不管狂风暴雨，不畏任何艰难困苦，不管网破碎多少次，它仍孜孜不倦地用它纤细的丝织补。"（冠良《任正非管理思想大全集》，2011）这是任正非早在1996年就说过的话，今天华为的组织结构就类似于蜘蛛网。这样的网状组织，能够做出高效率的快速响应，为企业提供源源不断的财力、人力保障，以及为市场提供所需的产品与有效的服务。

故事五：不能只是研究蜘蛛腿。任正非说："做任何事，都要因时因地而改变，不能教条，关键是满足客户需求。""我们一定要做商人。科学家可以什么都不管，一辈子只研究蜘蛛腿的一根毛。对科学家来说，这是可以的。但是对我们呢？我们只研究蜘蛛腿，谁给我们饭吃？因此，不能光研究蜘蛛腿，要研究客户需求……"（冠良《任正非管理思想大全集》，2011）以客户为中心是华为的企业宗旨，以奋斗者精神贯彻这一宗旨，就能在竞争中取得优势。

故事六：不能做鸵鸟。任正非说："在舆论面前，公司长期的做法就是做一只把头埋在沙子里的鸵鸟。我可以做鸵鸟，但公司不能，公司要攻击前进，华为公司到这个时候要允许批评。"（冠良《任正非管理思想大全集》，2011）这就是说，对于媒体报道不能采用鸵鸟策略，应该面对现实，这才是奋斗者团队应有的精神状态。

故事七：乌鸦和猫头鹰都是吉祥鸟。有这样一段华为公司的会议记录："任正非说：'来自对手的批评不要总是抗拒，即使说得过头了点，我们都要认真听取，他要打赢我，总要找我的软肋，我们自己总是有盲点。'有人附议道：

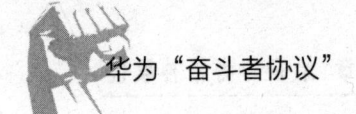

'乌鸦叫，没见把谁叫死了，猫头鹰半夜聒噪，一定是闻到了死亡的气息。所以乌鸦和猫头鹰都是吉祥鸟。'任正非点头同意。"（冠良《任正非管理思想大全集》，2011）奋斗者对于竞争对手应该有一个适当的态度，这才是有智慧的做法。

故事八：修好堤坝，让水自由流。任正非说："管理就像长江一样，我们修好堤坝，让水在里面自由流，管它晚上流，白天流。晚上我睡觉，但水还自动流。水流到海里面，蒸发成水汽，又变成雪，雪落在喜马拉雅山，又化成水，流到长江，长江水又流到海里，海水又蒸发。这样循环搞多了以后，它就忘了那个还在岸上喊'逝者如斯夫'的人，一个'圣者'。它忘了这个'圣者'，只管自己流。这个'圣者'是谁？就是企业家。"（冠良《任正非管理思想大全集》，2011）这段话道出了管理的精髓。

故事九：深淘滩、低作堰。任正非说："将来的竞争就是一条产业链与另一条产业链的竞争。从上游到下游的产业链的整体强健，就是华为生存之本。我们还是深淘滩、低作堰，就算我们不想赚很多的钱，但我们也不能老是亏钱。低作堰嘛，我们有薄薄的利润，多余的水留给客户与供应链。我们要保持'深淘滩、低作堰'的态度，多把困难留给自己，多把利益让给别人。多栽花少栽刺，多些朋友，少些'敌人'。团结越来越多的人一起做事，实现共赢，而不是一家独秀，这样我就能保存生存能力，你只要活到最后你一定是最厉害的，因为你每次合作的时候都要跟强手竞争，留着活下来的都是蛟龙……"（摘自任正非《深淘滩，低作堰》）任正非2009年游览成都都江堰时，从李冰父子治水的故事得到启发，写下此文，说明了维护产业链对于企业的重要性。

故事十：改变黑寡妇的做法。任正非说："华为二十年来，从青纱帐里走出来，像一个孤独的'农民'，走在一条曲曲弯弯的田间小路上，又像当年堂吉诃德一样封闭，手拿长矛，单打独斗，跌跌撞撞地走到今天。当我们打开眼界一看，我们已经不得不改变自己长期的封闭自我的方式。以前华为跟别的公司合作，一两年后，华为就把这些公司吃了或甩了。这是'黑寡妇蜘蛛'的做法。今天，我们要改变这个现状，要开放、合作、实现共赢。"（冠良《任正非管理思想大全集》，2011）"黑寡妇"是拉丁美洲的一种毒蜘蛛，华为当初的做法就像毒蜘蛛。但在企业的市场经营中，合作同样是必要的，因此，华为后来也非常强调合作。

实施赋能的灰度管理

打造奋斗者需要赋能，奋斗者精神就是一种被充分赋能的精神状态。实际上，"灰度管理"也是任正非在讲故事时，向华为奋斗者传递的一个概念，既有深厚的管理哲学内涵，也有赋能作用。华为用制度、文化、组织架构等多重因素，激发员工的奋斗者精神，建构高效率的赋能机制，其中就少不了"灰度管理"。

灰度色介于纯白色、纯黑色之间，是二者中一系列从黑到白的过渡色。自然界中大部分物体平均灰度为18%。"灰度"一词在华为语境中有着重要地位，任正非在许多次重要讲话中都使用过这一词汇。有一次，任正非指出："开放、妥协、'灰度'是华为文化的精髓，也是一个领导者的风范。唯物辩证法告诉我们，矛盾的观点，对立统一的观点，是认识事物最根本的观点。矛盾极其复杂多样，其运动形态绝不仅仅是斗争这一种形态，矛盾的同一性或统一性是更为普遍的形态。所以，我们不能形而上学地认为世间的事物是有你没我、你死我活、非白即黑，更普遍的形态是你中有我、我中有你，你活我也活，黑中见白、白中有黑；在一定条件下黑白可以互相转化，黑可能变白，白亦可变黑。所以，在认识事物的过程中，那种极端的观点、绝对化的观点、一成不变的观点都是不正确的。华为始终用'灰度'的思想指导我们的各项实践。比如，公司设计自身所有制的实践，正确处理本土化和国际化的实践，如何正确对待客户、竞争对手、供应商的实践，内部管理上正确处理质量与成本、拿合同与保进度的实践，处理守成与创新的实践，处理员工身份的实践，处理人事制度变革的实践等，都坚持了'灰度'的思想。实践证明，灰度思想是指导华为公司实践取得成功的重要法宝。"（摘自任正非在2008年市场部年中大会上的讲话）

任正非借用"灰度"一词告诫干部和员工不要走极端，这一概念成为华为管理哲学中的精华，应用在华为管理的各个方面。"灰度"观念也就成为华为奋斗者精神的一个部分。

例如，华为公司对于犯错误的员工，并不是简单地进行惩罚和处分，而是进行非常人性化的"灰度管理"。由"灰度"就产生出宽容、妥协的精神，反映出与华为狼性文化相辅相成的另一面。通过奖惩体系中"灰度管理"，既处理了发生的问题，又激励了员工。这是从柔性的方面给员工赋能，培育奋斗者精神，打造出积极的奋斗者。

华为的"灰度管理"是由任正非首创并付诸实践的。他这样阐述"灰度管理"或"灰度哲学"："企业清晰的方向是在混沌中产生的，是从灰色中脱颖而出的，方向能随时间与空间而改变，因此总会变得不清晰。合理地掌握合适的灰度，才能让各种影响得到发展。清晰的方向来自灰度，企业领导人重要的素质是方向、节奏，其水平就是合适的灰度。坚定不移的正确方向来自灰度、妥协与宽容。方向是坚定不移的，但并不是一条直线，也许是不断左右摇摆的曲线。在某些时段中，可能还会画成一个圈，但是离得远一些，或粗略一些看，它的方向依然紧紧地指着前方。在变革中，任何黑的、白的观点都容易鼓

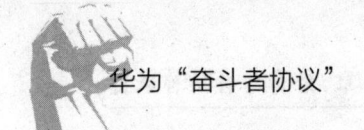

动人心，而我们恰恰不需要黑的、白的，我们需要的是灰色的观点，要在黑白之间寻求平衡。合理地掌握合适的灰度，是使各种影响发展的因素，能在一段时间内保持和谐，这种和谐的过程叫妥协，这种和谐的结果叫灰度。"（摘自任正非《管理的灰度》）

这种"灰度管理"建立在积分制管理的基础上，而员工的积分来自于建言献策和完成工作任务等。当员工犯错误的时候，公司以宽容的心加以对待，避免激化矛盾而造成更大的损失。处理时不扣钱而扣积分，带来的经济损失可以由积分弥补。这样，既对犯错员工进行了惩戒和警示，还保证了处理的公正性和公开性，这也是一种赋能的处理方式。

第三章
危机意识铸造奋斗者精神

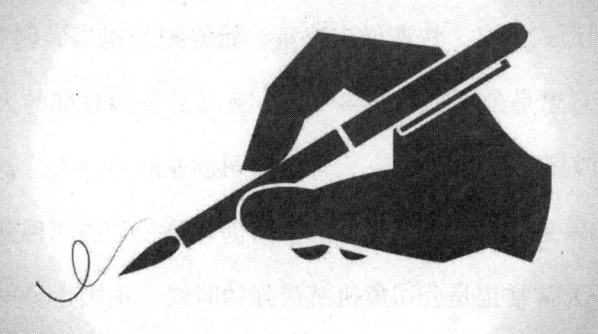

华为"奋斗者协议"

华为的惶者生存法则

危机意识对于奋斗者精神的产生，具有重要意义和作用。因此，在华为的狼性文化环境中，刻意地打造和确立惶者生存法则，目的就是酝酿危机意识，由此而赋能于奋斗者华为的精神。不仅是华为公司，实际上，优秀的公司都会强调危机意识。英特尔前CEO安迪·葛洛·夫说："只有恐惧、危机感强烈的人，才能生存下去！"他还说过一句很经典的话："只有偏执狂才能生存。"这也意味着要在危机感上做偏执狂。微软创始人比尔·盖茨常说："微软离破产只有18个月，也永远只有18个月。"可见，这种危机感成为世界级大公司的赋能动力，因而被称为惶者生存法则。

亚马逊的创始人杰夫·贝佐斯曾经说："要秉承顾客至上的宗旨，紧跟时代趋势，抵制形式主义，快速做出决策，始终把公司当做创立时的Day one来看。"Day one意思是公司创业的第一天。亚马逊美国总部的大楼名叫Day one，其含义是：时刻都要记住，每一天都是公司创业的第一天。这就是告诉大家要永葆初心，如果公司领导和员工无法拿出创业第一天的那种劲头，就可能没有第二天。这一天常常也是公司危机感最强的时候。正因为公司上下都充满着危机感，才促使亚马逊不断壮大，避免了危机的来到。

那么，管理者怎么才能够像华为等国际级企业那样，建立起企业的危机意识呢？为了形成企业内部的危机感或危机文化，给员工赋能，企业的管理者应该定期审视自己企业的文化氛围和对环境的适应性。很多企业在开始的时候是很成功的，但前期的成功，往往会使企业养成由惯性思维导致的惰性工作习惯，沉湎于以往的经验判断，以致于漠视市场和经营环境的变化。

例如，美国的王安电脑曾经名噪一时，就是因为没有走出成功带来的惯性，没有建立一种危机意识，最后因不适应市场环境的发展而倒闭。因此，赋能型的管理者，要定期对企业的内外部环境进行审视，看到企业现在和将来可能出现的危机，并予以重视，在此基础上建立起危机感。否则，一个没有危机感的企业，危机迟早会到来。

企业还应该有一种危机文化和机制。在有危机文化的氛围中，企业成员尤其是中高层领导，将得到不断的提醒，以消除安于已有成绩、不思进取的惰性状态。如不居安思危，企业赖以生存的市场和机会，将不知不觉地被竞争对手蚕食掉。实际上，从来没有一成不变的成功，守住市场甚至比打拼市场更困难。危机感促使企业的决策制订者重视市场，贴近市场一线，不断研究竞争对手，从而努力去获得领先一步的市场地位。

因此，危机意识是每一个企业员工都应该具有的基本意识，尤其是企业领导人，更应该有这种危机感，还要将这种危机意识传递给下属和员工，并不断敦促他们保持这一意识。

华为是一家很优秀的企业，团队的执行力很高。华为创始人任正非，多次说过这句很经典的话："惶者才能生存。"任正非还说："十年来我天天思考的都是失败，对成功却视而不见，也没有什么荣誉感、自豪感，而只有危机感。也许是这样才存活了十年。我们大家要一起来想，怎样才能活下去，这样也许

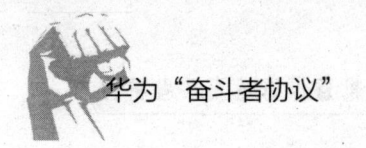

才能存活得久一些！"他又将这种危机意识变成了危机管理。

任正非为什么会有这样一种思考呢？其实，这跟任正非所运用的一个管理方法有关，他将自己的这种危机管理，解释为一种假设管理，并称这一方法为假设管理法。就是说，只有正确的假设，才有正确的思想；只有正确的思想，才有正确的方向；只有正确的方向，才有正确的理论；只有正确的理论，才有正确的战略……

对于企业，任正非的假设是企业一定会倒下，也一定是会死的。在这一假设的前提下，以终为始来倒推，思考如何让企业能够活得更好一些、更长一些。在企业经营的实践中，很多企业都做不长，这往往是因为刚刚取得一些阶段性的成绩之后，管理者就开始狂妄自大，而狂妄自大往往是一家企业走向衰败的开始。当然，任正非的惶者生存法则是在企业管理的实践中，在企业具体问题的压力之下，面对生存危机之后才最终形成的。

前些年，曾经发生过一件有关华为公司的新闻事件，受到广泛关注，充分反映出华为惶者生存原则带来的冲击。那时网上流传着一个帖子，标题是《到了34岁我就要被辞退？华为员工：内部淘汰》。这个帖子与华为裁员的传闻一起，成为坊间热议的话题。据说，这一热点话题，引用的多是华为内部论坛"心声社区"的帖子。有一位匿名的发帖人声称，听见主管说："华为中国区开始集中清理34+（即34岁以上）的交互工程维护人员，研发开始集中清退40+（40岁以上）的老员工。公司要实现团队的年轻化。"的确，现在有一些公司不愿招聘35岁以上的人，但这是不对的。实际上，问题的关键还不在年龄。

随即，华为公司在这一争议中做出回应，进行辟谣。指出网上所传华为正在清理34岁以上员工的消息，纯属谣言。那么，事情的真相是什么呢？华

第三章 危机意识铸造奋斗者精神

为某部门的内部发文表明：由于公司发展壮大，人员的淘汰和流失变得很不容易，外面很难挖走华为员工，在华为的员工也不愿意挪窝，从而造成组织活力的丧失。尤其是部分老员工实现财务自由后，出现"三不现象"，即不饥饿、不上进、不离开公司，致使公司养了一堆闲人，管理上也出现了问题。

华为公司的这次新闻事件看似突然，实际上，也并不是偶发的，有其内在的原因。华为进行战略调整以后，走向了全球化道路，就需要派出一些作为核心骨干的年长员工，到海外去开疆拓土。其中，有一个员工不愿意去。为什么不愿意服从上级领导的决定呢？因为华为公司有一个内部规定，员工到了50岁就可以退休了，退休以后可以获得华为的股权，其中的一部分可以拿出来卖给公司，也可以自己保留一部分。而这一部分股权拿出来之后，基本上就够退休员工颐养天年了。因此，这名员工接到任务以后，就是不愿意去，领导找到他谈了很多次话，但他始终都抗拒不从。但是，他也没有犯别的原则性错误。后来，他就在华为内部的网上发了几个帖子，最后就造成了华为内部有些人的误解，以为公司要以此方式来排挤掉一些35岁以上的员工。

这是一种没有压力的生存状况，公司员工也无从得到赋能，公司面对的生存危机却越来越明显。当时的这种状况，恐怕也是华为实行惶者生存法则的关键的因素。

当72岁的华为创始人任正非亲赴泰国、尼泊尔视察工作的时候，有人问他："网上传说员工34岁要退休，不知谁来给他们支付退休金？"

任正非对当地员工的讲话里，有这样一段话，可看作是一个回答："我们公司没有退休金，公司是替在职的员工买了社保、医保、意外伤害保险等。你的退休得合乎国家政策。你要是离职了，就得自己去缴费，否则就中断了。国家不承认，你以后就没有养老金了。当然你也可以问一问西藏、玻利维亚、战

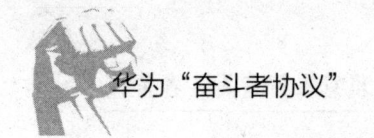

乱、瘟疫等地区英勇奋斗的员工，征集他们愿不愿意为离职员工提供养老金的意见，因为这些地区的奖金高。他们爬冰卧雪、含辛茹苦，可否分点给离职员工。华为是没有钱的，大家不奋斗就垮了，不可能为不奋斗者支付什么。30多岁年青力壮，不努力，光想躺在床上数钱，可能吗？"

在实行淘汰制的时候，管理者也要随时注意勉励员工，传递由淘汰制带来的赋能作用。任正非在尼泊尔视察工作的时候，还及时勉励在当地的华为员工，给他们赋能，以进一步地激活员工的动力："我承诺，只要我还飞得动，就会到艰苦的地区来看你们，到战乱、瘟疫等地区来陪你们。我若贪生怕死，如何能让你们英勇奋斗。我鼓励你们奋斗，我自己就会践行。"

有一家培训公司的管理原则也包括赋能的惶者生存法则，值得学习。有一次，这家公司的老板和员工连续几个月加班加点，连续办班开课，也没有周六、周日的休息。那一段时间，大家确实都绷得很紧。这是在当年的二三月份，但到了4月份的时候，老板发现团队的业绩下滑得很严重，整个团队显得萎靡不振，员工一个个都是心不在焉的样子。

在一次管理例会上，说到目前出现的问题。老板问公司的管理干部："你们这一个月是什么情况？"这个时候，北京公司的总经理就站出来对老板说："主要问题在我。"老板问他是什么问题，他跟老板说："前面两个月大家很辛苦，加班加点，我就想到了这个月稍微给大家放松放松，休养生息。"当时，听他说到休养生息，老板就问这是什么概念，他回答说："大家还是太辛苦了。"这时，老板就转过头来，问另外几个分公司的管理层干部："这个月你们不辛苦吧？"他们看着老板，回答说："不辛苦。"老板接着又问："这个月不辛苦的话，你们幸不幸福呢？"他们都说："也不幸福。"

老板对他们说："对啊，既然一个人不辛苦也不会幸福，那你们这个月为什么还要晃荡呢？其实，不辛苦不等于幸福，幸福是奋斗出来的。如果想要找一份不辛苦的工作，我们公司的这个平台就不属于你，也不适合你，你可以离开。如果说你希望在这个平台上收获一份幸福和成就的话，我们唯有奋斗，因为幸福是奋斗出来的。"当然，管理者一定要首先做出表率，以身作则地带团队去奋斗。

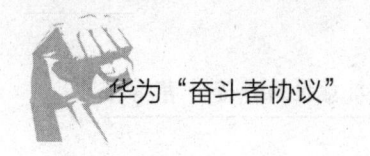

竞争的危机带来动力

惶者生存法则将在企业内部产生竞争的压力,而内部竞争将使企业常保年轻。华为公司正是这样做的,实行着内部竞争淘汰制度。华为的经验表明,一个企业要想获得奋斗者精神,还需要养成竞争淘汰的习惯。而竞争淘汰的第一个要点就是:竞争产生危机,危机带来动力。这就是说,用竞争淘汰给企业的奋斗者进行精神赋能。为什么竞争淘汰能起到这样的作用?这是因为:只有竞争,才有危机感;只有危机感,才有驱动力;只有驱动力,才有效率;只有效率,才有优劣;只有优劣,才有淘汰;只有淘汰,才有奋斗者精神。竞争带来危机感,而危机能够激发动力,动力促使效率的提升。只有在效率面前,才能评价企业优劣,实际上,企业的效率最终决定了企业的成败。

竞争带来动力,甚至可以说这是一个自然规律。有一个小故事可以带给人许多启发。日本的北海道出产鲜美的鳗鱼,附近的渔民多年以捕捞鳗鱼为生,可是干这一行,却有很大的经济风险。因为鳗鱼一离开深海区,很快就会死亡,这就往往使渔民们损失惨重。有一位老渔民天天出海捕捞鳗鱼,不管过多久回来,鳗鱼总是鲜活的。这在其他人的眼里看来就是一个奇迹,大家都想

第三章 危机意识铸造奋斗者精神

这一定是神的保佑。老渔民从鳗鱼生意获得的收入,远远超出了周围的其他渔民。没过多少年就成为当地的富户。后来,老人在临终前把秘诀告诉了自己的儿子。原来他每次出海之前,都会事先带上一些狗鱼。因狗鱼特别爱动,性情还很凶猛,进入鱼舱后由于环境陌生的刺激,就会四处游动,到处碰碰撞撞。而鳗鱼呢,则因发现活跃的异类而四处逃窜,整舱鱼被搅得上下浮动,从而使鱼舱氧气充分,这样,就保证了鳗鱼运进渔港时还是非常鲜活的。这种做法对企业的老板或管理者是一个启发,被引进到企业管理中,这就是内部竞争机制。这种机制给员工带来了危机和压力,从而让员工更有动力。

对于企业的员工而言,同样也需要通过竞争,激发出更大的奋斗者精神,这也是产生奖优罚劣机制的缘由。再进一步地说,只有分清优劣才能进行淘汰,有了淘汰制度,才有奋斗者精神。通过这样一个过程,企业就能学会竞争淘汰,借此可以培养员工和团队的奋斗者精神,让员工和团队加速成长。

有这样一个经典的案例,当年美国钢铁厂在接连更换了几任总经理,耗费了大量资源之后,仍然无法避免濒临倒闭的命运。新任总经理一样拿不出振兴企业的方案,看来只有走破产这一条路了。但这位总经理发现一个现象,每次进行公司战略或制度的决策时,员工会议上从来没有人提出意见,领导怎么想就怎么样,每次会议都毫无生气。这位总经理不喜欢这种状况,他对此做出了一个决定:以后开会时每个人都有平等发言的权利,无论所处层级如何,不管是谁提出方案,如没有人能够驳倒,方案提出者就是这个项目的负责人,公司将授予相应的权限,并给予奖励。

新的制度实施以后,以往沉寂的会议渐渐出现了热烈的场面,参会者踊

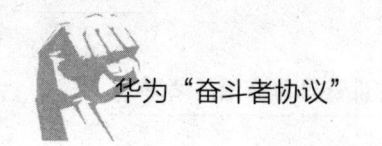

跃发言，争相对别人的方案进行反驳，有时为争论某一个问题，弄得面红耳赤，甚至还会大打出手。不过，在会议结束之前，大家会对方案达成一个共识，不管是同意还是反对，都要按达成的共识去执行。过了一些时候，竟然出现了奇迹，美国钢铁厂不仅逐渐地走出了困境，还发展起来，几年以后就进入了美国四大钢铁厂的行列。

这一案例充分说明引进竞争的机制，可以突破企业的固有状况，能给企业带来活力，企业员工也在竞争中发扬了奋斗者精神。在这个过程中，企业员工由充满负能量的"好好先生"，变成了富有活力和创新精神的内部竞争者。

企业内部的竞争机制，打破了员工安于现状、不思进取的状态，对于赋能员工奋斗者精神、激发员工动力是必不可少的。不过，在建立企业竞争机制时，还需要保证内部的竞争处在良性冲突的轨道内，要避免竞争向恶性发展，不可破坏企业内部的共识和团队意识。这就是说，要控制好竞争的限度，防范和消除其负面的影响，使之产生为企业和客户创造价值的作用，激发员工努力工作的热情。控制竞争的限度可根据企业的具体情况，采用如下几项措施：

一是保证员工有参与公平竞争的均等机会。奋斗型企业应当保证员工都有平等的获取工作业绩的机会，为每个员工提供均等的发展平台。赋能奋斗者精神的良性竞争需要有公正做基础，但如果不能保证起码的公平，公正就无从谈起。公司的管理者应该认识到公正、公平对于赋能奋斗者精神的重要性，用能力和贡献来决定酬劳，尽量更正以往存在的不公平待遇，激发员工积极的竞争状态。

二是企业的管理向扁平化方向发展。华为的奋斗者精神，也得益于扁平化的管理。扁平化管理是奋斗型企业的一个特点。在企业管理中适度放权，实行扁平化管理，可以增加员工的自主意识和执行能力，也是企业保持活力的有效方式。由此而给予员工奋斗者精神，使他们从被动的工作状态到主动的自我管理状态，能够有效地提高其创新精神和成就感。扁平化管理还能够克服传统金字塔式管理带来的弊端。

当然，扁平化管理对员工的认同意识和工作主动性要求较高，要求企业加强对员工自觉性和综合能力的培训。这也对建立内部竞争机制提出直接的要求，责成各业务单位，激发内部的良性竞争氛围，通过竞争或适度冲突来赋能员工奋斗者精神，提高其工作激情和斗志。

三是设立公开、平等的沟通交流平台。让团队成员多交流、多接触，坦诚地当面表达自己心中的想法，就需要一个良好的沟通平台。管理者尽量杜绝员工搞小动作，也不应该理会各类小报告，尤其是企业的老板，切不可听信个别员工的片面之词，形成对别的员工的偏见，造成不团结的现象。要坚持"兼听则明，偏听则暗"的工作方法，坚决抵制各类攻击别人的流言蜚语。

四是在企业文化中打造精益思想，建设不断上进的文化氛围。精益思想来自于日本的丰田公司，就是通过在公司中建立精益小组，来实现产品质量不断提高的要求，这些要求往往达到了严苛的地步。这也是一种不断赋能奋斗意识的方式。当然，丰田公司因为员工大面积换血，以及大幅度的扩张，导致了近些年一再出现"质量门"事件，但这并不能抹杀精益思想的价值，这一思维方式还是值得学习和借鉴的。

五是设置完善的业绩评估机制。为建立良好的企业内部竞争机制，管理者应该鼓励员工以不断突破自己思维和能力局限为荣，通过效益考核的手段去激发团队成员的创新精神，赋予员工奋斗者精神。企业不仅要关注员工的短期绩效水平，还要强调员工的竞争和创新思维，由此带来长期效益。而建立奋斗

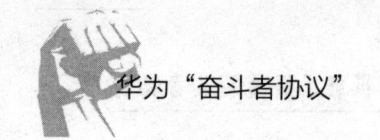

者精神的机制，除了要有适度的物质激励以外，更多的应该体现在精神的层面上，如公众场合的鼓励、活动的嘉奖等。要以实际工作业绩为根据来评价员工的成就，不可根据其他员工的意见或管理者自己的好恶来评价员工业绩。考核评估的标准，一定要做到尽量客观，少用主观性的指标。

六是将正确对待竞争者的要求融入到企业文化和制度中。实际上，古今中外都讲究和气生财，将竞争对手看作是促进自己努力工作的动力，当然也是有利于收益产生的正能量。对企业内部的竞争对手，就更应当协调一致，共同提高。因此，管理者要教育员工使用正确的竞争方式，要时常提醒下属或员工与竞争对手正面挑战，但一定不要把对方当作仇敌。对于攻击同事、破坏公司正常工作秩序的员工，必须要予以严惩。

公司是一个团队，每个员工都是这一团队的组成部分，大家协调一致地运作。管理者的一个重要职责，就是激发团队各个部分的奋斗者精神，引导下属或员工进行良性竞争。而良性竞争的机制，也要促成大家达成共识，向着一个方向努力，实现公司的战略目标。只有这样，公司才能不断发展、越运转越好。

许多时候，由于多年的积淀，公司内部已经形成不温不火的环境，要想建立内部竞争机制很不容易。这时就要适度地从外部引进新鲜血液，以刺激团队内部的竞争氛围。还有一些时候，企业内部的晋升制度虽然还有一些赋能企业成员奋斗者精神的作用，对于员工的归属感和奋发向上的斗志也有促进，但对于这些企业而言，这样一种"近亲繁殖"的模式，还是会让企业内部处于停滞的不利状态，进而渐渐地失去活力。这个时候，让一些空降兵适时地进入企业，将有利于企业内部的活力激发和奋斗者精神的培育。

引进空降兵，就好比是上述故事中在鳗鱼中引进狗鱼，可称之为"狗鱼效应"。为了建立企业的内部竞争机制，在团队中设定"狗鱼"式人物是很重要的。这样的人，总是不断地提出质疑，总是不断提出新思维，总是在激发一种思维冲突和碰撞。这种人物当然可以内部培养，但也可以外部引进，可能从外部引进更为有利。关键在于这样的人物的行为，需要获得公司领导的认可和鼓励，有时还需要做一些设定，从而为企业内部带来良性冲突的氛围。

建立淘汰机制

竞争淘汰的第二个要点：树立危机意识，建立淘汰机制。在竞争淘汰的过程中，应该学习华为的成功经验，企业自身建立起相应的 PK 机制，只有竞争才能驱动奋斗者精神的产生，只有竞争才能优胜劣汰。建立起竞争淘汰的机制，就能提高效率，使员工持续保持奋斗者精神。这也是赋能员工奋斗者精神，建造奋斗型企业的一种方式。

许多企业管理者都明白，打造有效率的团队的首要方法是建立起对抗机制，在竞争中形成组织自我成长的驱动力。而有针对地培训学习，则是建立对抗机制的有效方法，也是先期预热的步骤。不过，一些企业的领导带着团队出去培训学习，学了不少很好的课程，回去以后却没有能够落地。其实，出现这种情况是有原因的，他们在学习的过程中，更多是一种单向的知识输入，学习的现场没有相互竞争的方式，也没有一个很好的现场体验，这就导致此后应用的效率很低，甚至不知道应该如何去应用。

因此，培训以后应该结合企业的业务工作，设定不同维度的竞争方式。可以让团队围绕一个目标都来参与 PK，在 PK 的过程中营造积极的氛围，以此建造团队的奋斗者精神，在企业里形成一个良好的 PK 文化。这样，就建立了平台化的分享机制，可以使团队成员通过这种分享机制，在较量业务水平的同时，不断地实现自我提升。竞争产生危机，而危机带来动力。

可见，如果管理者想培养员工的奋斗者精神，使他们获得成长的动力，那就必须训练员工，也要让员工明白建立淘汰机制的意义，这样才能够顺利地建立起PK竞争的机制。

在一个奋斗型的企业，需要贯彻末位淘汰制。当然，末尾淘汰制只裁减掉那些不努力工作的员工，或不胜任工作的员工。而且，实行末位淘汰，走掉一些落后的员工，也有利于保护优秀的员工，可以激活整个组织，就如华为公司的例子一样。有人可能还会进一步追问：末位淘汰制实行到什么时候为止？可以借用GE公司老板杰克·韦尔奇的一句话来回答："末位淘汰是永不停止的，只有淘汰不优秀的员工，才能把整个组织激活，才能使整个团队净化。"GE的做法，正类似于华为公司。

实际上，GE公司的韦尔奇不仅将末位淘汰制理论化，将其表达为一条活力曲线（Vitality Curve），还实际应用在GE公司中，产生了良好的效益。GE公司每年都会针对各事业部门的主管按标准评分，划分出A、B、C这3个不同等级的绩效表现。最高的等级是A级，在各事业部门的排名中，他们位于前20%的范围；B级是排在中间的70%；C级约占10%，属于评分较低的人群。A级员工将得到B级员工2~3倍的薪资奖酬，而C级员工则会面临淘汰的危机。GE公司以常态分布的活力曲线来呈现这种概念，活力曲线是年复一年、不断进行的动态机制，以确保企业向前迈进的动能。

韦尔奇的活力曲线，实质上就是通常所说的末位淘汰制，清楚了活力曲线的内容，就能够清楚末位淘汰制的操作原则和意义。

在活力曲线图上，以业绩作为横轴（由左向右递减），以企业组织内达到

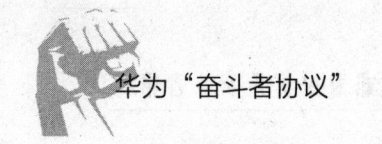

这种业绩的员工的数量为纵轴（由下向上递增）。使用这样一幅正态分布图，就能很容易地区分出业绩排在前面的 20% 员工（A 类）、中间的 70% 员工（B 类），还有业绩排在后面的 10% 员工（C 类），如图 6-1 所示。

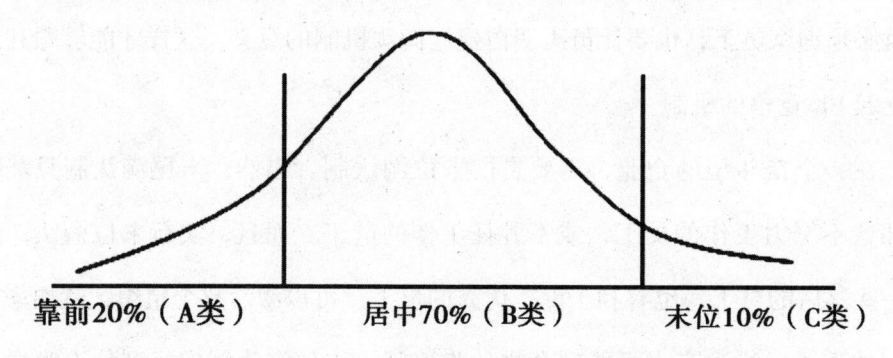

靠前 20%（A 类）　　居中 70%（B 类）　　末位 10%（C 类）

图 6-1　GE 公司的活力曲线示意图

第一级是 A 类员工。他们是满怀激情、勇于承担责任、富有远见、思想开阔的员工，不仅自身充满着活力和创意，而且有能力带动自己周围的人提高企业的生产效率，还可以赋能下属奋斗者精神。是否拥有这样一种激情，是 A 类员工与 B 类员工的最大差别。

第二级是 B 类员工。通用电气公司（GE）会投入大量的精力提高 B 类员工的水平，而部门经理的主要工作之一，就是帮助 B 类员工成为 A 类员工。部门经理不仅要任劳任怨地达成自己的业绩，还要培育下属的奋斗者精神，这正是活力绩效管理的魅力所在。

第三级是 C 类员工。C 类员工是不能胜任自己工作的人，他们更多的是打击别人，而不是给同事赋能。他们使目标落空，而不是使目标得以实现。作为公司的老板或管理者，不能在 C 类员工的身上浪费时间。

韦尔奇将这种评估企业组织内人力资源的方法，称为活力曲线法。活力曲线法的考核与评估，需要奖励制度来支持，以落实对优秀员工的物质和精神激励，激发这些员工的奋斗者精神，也促使他们赋能下属和同事奋斗者精神。A类员工可以得到大部分的股权和利润，失去A类员工是企业的一种错误，一定要热爱他们、千万不要失去他们。每一次失去A类员工，都要在事后检讨，并一定要找出造成这些损失的管理层负责人。

将员工划分为不同的类别，然后，严格地在奖罚上加以区别对待。这正是韦尔奇所推崇的活力曲线的本质，这一曲线被认为是给GE公司带来无限活力的法宝之一。活力曲线堪称为奋斗者曲线，反映出合理使用末位淘汰制，就能产生强有力的对奋斗者精神的赋能作用。活力曲线法之所以能有效发挥作用，那是因为在这种绩效文化的氛围里，人们可以在任何层次上进行坦率的沟通和回应。活力曲线的绩效管理是一个相当好的管理工具，系统地整合了多种多样的管理思想和办法，在管理上有着深刻的内涵，又易于在实践中操作，并可以在实施活力曲线法的过程中，培育良好的企业文化，这是一种奋斗的、良性竞争的文化。反过来说，这种企业文化，又构成使用活力曲线法进行绩效管理的前提。

活力曲线就是末位淘汰法则。顾名思义，末位淘汰法是将工作业绩排位靠后的一些员工淘汰掉，其实质还是企业为了适应市场竞争和自身发展的需要，在对员工的工作表现做出科学、细致的评价之后，进行分类或排序，并按照一定的比例，将排在后面的几位员工予以调岗或辞退。这就会在员工中造成危机意识和竞争意识。

有一些人认为将底部10%的员工从公司清除出去是一种不人道的行径。实际上，事情并非如此，让一个人待在一个并不能使其成长进步的环境中，那才是真正的不人道的行径。因为从公司内部淘汰，还有机会去寻找新的机会；如果放任自流的话，这样的人最终很可能会被社会淘汰，这才是最可怕的。

华为"奋斗者协议"

淘汰是要激活员工奋斗者精神

淘汰的目的是激活组织,迫使员工净化思想,不断产生奋斗者精神。因此,企业需要建立竞争和淘汰机制,这是一种制度化的赋能奋斗者机制,不是要与员工过不去。当然,竞争的结果一定会有淘汰,只有竞争没有淘汰,竞争就失去了意义。竞争是为了激发员工奋斗者精神,培养主动的心态。有一次,我去拜访一位在事业上颇有成就的朋友,聊着聊着就谈起了命运。我问这位朋友:"你看世界上到底有没有命运?"朋友说:"当然有啊。"我接着问:"那命运是怎么回事呢?这你肯定很有体会。既然都是命中注定,奋斗还有什么用呢?"

朋友并没有直接回答这个问题,却笑着抓起我左手,表示先不妨看看我的手相如何,要帮我算一算命。讲了一大堆事业线、生命线、爱情线等诸如此类的说法,然后,转换了话题,对我说:"把手伸开,按我的示范做一个动作。"只见他举起左手,慢慢地把拳头握得越来越紧。做完了这个动作,他看着我问:"握紧了没有?"我有些摸不着头脑,回答他:"握得很紧。"朋友问:"那么,命运线在哪里?"我回答:"当然在手里。"他又追问一句:"请问,命运在哪里?"我先是愣了一下,接着就恍然大悟:"命运都在自己手里。"他又很平静地继续说道:"无论别人怎么跟你说,不管算命先生如何给你算,要记住命运总是在自己手里，不会在别人手里。这就是人的命运。当然，你再看看自己的拳头，还是有一部分生命线留在外面，没被握住。这又带来什么启示？也就是说，命运的绝大部分都在自己手里，只是还有一小部分掌握在上天那里。从古到今，成就大事业的人都离不开一生的奋斗。"听了这位朋友的一番话，我再一次体会到：人的命运都要靠积极向上的心态去争取，企业里的竞争，体现和培养的就是这种精神。

淘汰制的赋能作用显而易见，使员工产生奋斗者精神，这样就能使各部门的工作充分符合企业整体的经营目标，以及各部门具体阶段的实施目标。淘汰制的赋能还使员工的工作目标变得非常明确，又为实现目标提供相应的保证，与此同时，也容易在企业内部形成具有良好竞争性的工作氛围。这就打破了大锅饭、混日子等企业中容易出现的消极现象，这类现象有时存在于局部小范围内，有时则是大范围的现象，都会导致工作效率低下、奋斗者精神缺乏等管理陷阱。

淘汰制通过激活员工的奋斗者精神而给企业赋能，由激活员工到激活企业，这始终是一个企业实行淘汰制的目的。实际上，在企业任何部门的工作中，奋斗者精神都是必不可少的。严重缺乏奋斗者精神的公司，只能是效率低下的公司，离倒闭的日子也不远了。淘汰促进竞争，而竞争激发奋斗的活力。淘汰制首先能够增强员工的竞争意识。末位淘汰制实行一种看似强势的管理，在一定程度上将"被淘汰"的压力，变成了员工完成工作的动力，激发员工的危机意识和竞争意识，提高公司员工的积极性和主动性，还有利于为企业建立起精英团队。借着竞争和奋斗就能激活企业，淘汰制将扭转企业缺乏生机和希望的状态。

当公司处在人员过剩的情况下，难免会出现人浮于事的情况，这时企业

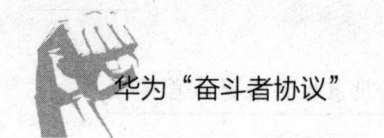

缺少活力，无法发展，甚至面临倒闭的危险。在这种情况下，精简分流是解决这个问题最有效、最直接的办法。通过将末位淘汰制实施在不同绩效级别的员工中，就可以通过有力的竞争使整个企业处于一种积极上进的状态，剔除不符合团队需要的人员，由此精简员工队伍，实现优胜劣汰，进而实现团队的整体优化。这是以一种比较公平的方式进行合理淘汰、精简分流，克服了人浮于事的弊端，进而提高工作的效率和各部门效益，恢复企业原有的活力。

为了员工的成长，企业有时候需要付出一些代价。管理者的重点，不是对少数落后员工负责，而是对团队负责，对公司未来长远的发展负责，对这个组织的活力负责。奋斗型管理者有责任为大家创造幸福。古话说得好："小善如大恶，大善似无情。"这里面的道理是奋斗型管理者一定要明白的。

有一个故事说明了这句古语蕴含的深刻含义。一位慈祥的老人住在湖岸的一个小别墅里，每年都有成群的野鸭飞过他窗前的湖泊。这些野鸭一般都会停下来在湖岸边捕食，吃饱之后再飞走。有一天，这个老人看到野鸭捕食的情景，觉得这么寒冷的天气，鸭子下湖去抓鱼太不容易了。于是，这个老人就想到要给这些野鸭做一件事情，每天给鸭子喂食。老人年复一年地坚持做这件事。有一年，地方政府就发现鸭子成群地死在湖的冰面上。一些生物学家就去研究原因，解剖以后发现，野鸭什么东西都没吃，全都是被饿死的。为什么会饿死呢？因为老人死了，但鸭子养成了等着喂食的习惯，不想去冰冷的湖边捕食，最后全部都被活活地饿死了。这正是"小善如大恶，大善似无情"。

对于员工的成长，有些时候老板或管理者需要更狠一些。一定要记住这句名言："领导不狠，员工不强。"当然，在这个狠字的背后，管理者首先要做到的是心态迁善，出发点一定要好，出发点一定是为了培育员工的奋斗者精神。

华为内部劳动力市场

为了铸造企业的奋斗者精神，华为公司还建构起内部劳动力市场，进一步引入选择和竞争机制。内部劳动力市场实际上是企业内部各种就业安排与劳动合约制度的总和，表现为企业内部雇主与众多雇员间的一种以长期雇佣合约为主的、稳定的劳动就业关系。华为的这一建构，可看作是惶者生存法则的延伸或补充，聚焦于培育奋斗者，将华为公司打造成更为坚固的奋斗型企业。《华为基本法》第六十一条表明了这一初衷："我们通过建立内部劳动力市场，在人力资源管理中引入竞争和选择机制。通过内部劳动力市场和外部劳动力市场的置换，促进优秀人才的脱颖而出，实现人力资源的合理配置和激活沉淀层。并使人适合于职务，使职务适合于人。"可见，华为建立内部劳动力市场的目标是明确的，那就是要在企业中建立内部竞争机制，在优选中使真正的奋斗者显露出来。

2013年，华为在企业内部颁布了《内部人才市场管理规定（暂行）》，指导企业内部劳动力市场的建构和完善。根据这份文件，内部人才市场将成为华为内部人力资源有序流动的一种平台和机制，以任职资格作为竞争上岗的条

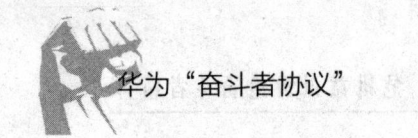

件，由此实现员工意愿与岗位需求之间的匹配和双向选择。通过内部人才市场运作机制，就能使企业的人力资源在不同岗位、不同部门间得到合理配置，释放企业内部的能量，以赋能的办法充分调动员工的主动性和积极性，打造奋斗者。这还将使员工做到"爱一行、干一行、专一行"，以此推动员工个人价值的进一步发挥。这一内部平台还起到给管理者赋能的作用。由于内部人才市场机制，企业人力资源管理信息得到更大的公开，这就改变了企业干部过去利用组织赋予的信息和职权不对称等情况。促进各级主管从对下属进行简单管理，更加客观、公正地评价员工，进而保留和激励优秀员工，大胆地管理落后的员工，切实地提高了管理者自身的管理水平。

华为内部人才市场的建立，对于打破部门之间的阻隔，实现在不同业务板块间优化人力资源的配置有着积极作用。这一机制也赋能于组织，不仅解放了企业潜在的生产力，也打破了企业人力资源管理中某些僵化局面。

华为内部人才市场有着有序的运作流程和机制，以达到内部竞争和选择的目的。实际操作的基本流程包括：找到接收岗位—申请进入人才市场—交接工作—进入人才市场—参加人才市场培训—通过技能考试—接收部门面试—调入接收部门。具体过程如下：员工已经找到接收岗位，但是原部门不放人，通过正常的调动电子流转不过去，可以申请进入人才市场、目标岗位可以在人才市场上选择已经发布的空缺职位，也可以再和接收部门沟通后由接收部门在人才市场上发布空缺职位、员工找到对应的职位需求信息后，确认自己满足职位要求，点击申请该职位、对于该申请，员工原部门的主管不可见、接收部门把电子流走完后，员工提交进入人才市场的电子流、进入人才市场的电子流会抄送给一级部门的干部部的部长和员工的权签主管、接下来员工需要准备交接工作、员工在完成工作交接后进入人才市场培训、员工签署调入人才市场的协议之后，经过一定时间，员工的 SAP 关系会自动切换到人才市场。到此阶段员工的人事关系已经与原部门脱离，进入人才市场。到人才市场培训开班日，员工准时到指定地点报到，开始为期 5 天的思想教育培训。（参阅华为《内部人才市场管理规定（暂行）》）

培训期间有严格的纪律要求。周一开始早 6 点 45 分晨练，学习到晚 9 点 30 分下班。周四晚提交学习心得，到周五结班。培训后下一周是岗位技能的学习和考试，采取集中式学习方式，每日 8 点 30 分至 18 点都需签到。最后，按员工所选岗位的大类，进行相应课程考试。考试通过后，将内部人才市场岗位申请提交给人才市场管理员，经人才市场转到接收部门，最后完成面试流程，即可调入接收部门。在等待期间员工需照常出勤，参加集中学习。

华为通过打造内部劳动力市场，在人力资源的管理中引入了选择和竞争机制，可让内部劳动力市场与外部劳动力市场进行替换，促使企业中优秀人才脱颖而出，以激活沉淀层，实现企业人力资源合理配置，让职位与员工彼此匹配。以此赋能于员工，促进奋斗者精神。

第四章

搭建奋斗者平台

华为"奋斗者协议"

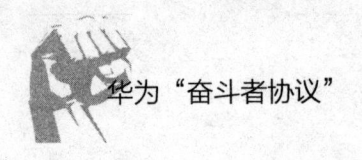

建构和完善狼性文化

华为的奋斗者文化，也被称为狼性文化。古语说："以欲从人则可，以人从欲鲜济。"(《左传》)意思是指个人心愿应跟随团队的心愿，如此行事就可成功；如果让团队跟着个人的心愿走，就很少能成功。这是平台运作的关键，也是完善的狼性文化的特点。因为狼的生存有三大特性：一是有敏锐的嗅觉，二是奋不顾身、不屈不挠的进攻精神，三是团队奋斗。在华为的发展过程中，任正非对危机有一种特别的警觉，他认为企业应该发展一批"狼"，也就是奋斗者。狼性文化还促成了"胜则举杯相庆，败则拼死相救"的奋斗精神，这使华为成为一匹使跨国巨头不安的"土狼"。团结协作、集体奋斗成为华为文化的灵魂。

在由狼文化支撑的奋斗者平台上，成功是奋斗者集体努力的结果，失败是集体责任，不将成绩全归于个人，也不把失败视为个人的责任，如此自强不息、荣辱与共。奋斗者一律同甘共苦，除了工作内容的差异，华为奋斗者在工作和生活中一律平等，不平等部分用薪酬体现。这实际上是一种任正非所说的管理者和员工之间"狼狈为奸"的关系。在华为公司这个奋斗者平台上，员工是具有奋斗者精神的狼，用狼性在自己岗位上拼搏。而同为奋斗者的狈，是狼群中的智囊和决策制定者，但也需要狼的帮助。狼、狈二者缺一不可，形成唇齿相依的关系。

这种良好的团队关系带动企业蓬勃发展，内部开明的文化氛围和顺畅的沟通为企业赢得人才，降低了离职率，也变相地降低了人力成本，为奋斗者赋能，提升了组织的执行力。管理的本职就是处理好组织内外关系，华为用"灰度"哲学使公司的管理卓有成效，这也是华为狼性文化的一个特点。当矛盾冲突上升到争吵时，心平气和地沟通就是解决当下争斗的最有效的途径。如果管理者在冲突发生时无暇处理，事后也可以用邮件、内刊通知、书面报告等方式来修复与员工之间的关系。在具有"灰度"哲学的狼性文化环境中，道歉不会让管理者丢失面子，反而能在化干戈为玉帛后，增强企业团队与员工之间的相互信任和理解。

华为公司因鲜明的运作特征和辉煌的成就，以及其奋斗者精神，已被认为是最具代表性的狼性文化企业。这种在狼性文化中酿就的奋斗者精神，使华为从激烈的市场竞争环境之中脱颖而出。归纳起来，狼性文化体现了"敏锐的嗅觉，不屈不挠、奋不顾身的进攻精神，群体奋斗"的重要特质。由于狼性文化帮助企业在发展过程中保持高效率和有序性，就使华为从管理层到各个部门团队都保持对客户需要和市场发展的高度敏感，从而对市场变化作出快速反应，表现出极强的行动能力。同时，团队又保持强大而坚定的奋斗者信念，并在运转过程中表现出高效率的团队协同作战能力。

早在1997年的时候，任正非就曾郑重指出："必须建立一个适应'狼'生存发展的组织和机制，吸引、培养大量具有强烈求胜欲的进攻型、扩张型干部，激励他们像狼一样嗅觉敏锐，团结作战，不顾一切地捕捉机会，扩张产品市场；同时培养一批善统筹、会建立综合管理平台的狈，以支持狼的进

攻，形成狼狈之势。"（摘自任正非《建立一个适应企业生存发展的组织和机制》）华为崇尚狼性精神，但在任正非的概念中，狼性绝非反人性和残忍，而是有其特定的内涵，那就是放眼未来的战略视野、奋斗精神和进攻意识、团队凝聚力和群体合作、对市场机会的高度敏感，这被概括为视野、品格、意志。华为狼性文化包含对高度协作的孜孜追求，也带来了非常显著的效果。狼性文化使华为的营销能力很难被超越，对手开始时会觉得这是因为华为员工素质高，但当他们也换了一批高素质的员工以后，发现华为还是难以战胜。后来对手明白过来，与自己过招的，远远不仅是竞争前沿的那些奋斗者，这些奋斗者的背后还有一个强大的奋斗者支援团队。其中，有的人负责外围关系拓展，有的人负责技术方案的设计，前方一有需要，后面马上就会有队伍来增援。

华为的狼性文化打造出群狼战术，甚至将跨国公司和强大对手固有的势力范围搅乱，又采用各种充满奋斗者精神的竞争策略，从一个一个的产品、一个一个的区域市场入手，逐渐地取得越来越大的市场竞争优势。

在华为的企业经营中，狼性文化实现了通过严密高效的协调合作，以奋斗者的精神快速达成整个团队的目标。这也表明，当行业处于硝烟四起、群雄逐鹿的激烈竞争环境时，那些采用规范严密的管理流程、强调了团队合作的组织更容易获得成功。在这样的组织中，团队每个成员都是奋斗者，都很清楚团队和个人的共同目标，也清楚各个角色的定位和在组织中所起的作用。这些奋斗者都在各自专业领域保持高度的前瞻性和敏感性，相互照应，分工合作，这样就能以快速敏捷的运作流程赋能给奋斗者，产生出最大能量，从而推动整个企业系统的高效和快速运转。狼性文化成为华为在市场竞争中超越对手的重要利器。

当然，华为的狼性也是富有智慧的。华为公司看重并清楚产业链的价值，有时候宁愿放弃一些利益、一些市场，也要与合作方结盟，彼此成为协作伙伴，共同创造良好的产业生存空间，共享价值链带来的利益。

形成奋斗者保护机制和氛围

华为的组织体系也是向奋斗者倾斜的，这使奋斗者在岗位上成长，在工作中长大。实际上，华为向奋斗者倾斜，也体现在形成奋斗者保护机制和氛围上，让奋斗者安心奋斗，为奋斗者撑起一张"保护伞"。

华为公司经过多年的开拓创新，业务已遍及世界140多个国家。在位列全球五百强的中国企业中，华为堪称实施走出去战略的典型，这些成就也与华为对奋斗者的保护大有关系。也就是说，当华为奋斗者员工为企业做大、做强而拼搏、奋斗的同时，公司也为这些奋斗者牢牢地撑起安全与健康的"保护伞"。在2008年，华为公司就体现出将员工健康与安全放在首位的态度，成立了员工健康与安全保障委员会，由公司的一名CFO担任首席员工健康和安全官，形成了一整套保障体制。由如此高级别的管理者负责这一方面的事务，在企业中还属首例。此外，华为也在关心员工心理健康方面，做出很多探索。如公司聘请在相关领域有突出成就的专家做华为新员工的心理辅导师，帮助新员工尽快完成从学校到社会角色身份的转变，帮助员工获得更加健康、成熟的心智。当然，与首席员工健康和安全官职务的设置相比较，华为公司实实在在的员工或奋斗者保障制度，具有更为重大的意义。而华为的保障制度，也有力地促进了奋斗者精神。

华为以奋斗者为本，为解除员工后顾之忧，公司建立保护机制，花巨资为全体员工构筑起包括商业保险、社会保险的双重保障保险体系。仅2011年，公司就为全体员工的保障支出45.34亿元。

目前华为约有员工15万人，其中有海外员工4万多人，近4000名员工在条件艰苦的非洲地区工作，这些员工都是华为一线的奋斗者。为保障这些海外奋斗者的安全与健康，华为公司与美国国际集团的友邦保险和美亚保险等商险机构合作，建立起员工全世界紧急医疗救助服务体系。商业保险虽花费较高，但对员工的保障更加充分。若员工符合美亚保险的重大疾病险要求，可在一个月之内一次性得到20万元赔付；员工不小心损坏了他人物品、设施等，美亚保险的商务旅行险将为其给出80万元以内的个人第三者责任保险赔付。

为应对华为全世界140多家分支机构可能遇到的突发事件，华为公司还建立了突发事件应急处理的常设组织及相关流程，能在突发事件发生后第一时间启动应急措施，最大限度减少突发事件对业务的影响及对员工的危害。华为还成立机关、地区部、代表处三级应急保障工作组和机关健康安全工作组，作为处理突发事件的常设机构。当事件发生时，三级应急保障工作组立即投入运作，共同制订应急方案，而由机关应急保障工作组统一协调各方的资源。

华为公司关心奋斗者，员工的福利待遇也节节高升。华为在不断完善制度、保障员工安全与健康的同时，还提高海外员工的福利待遇，为其营造良好的工作和生活环境。为保障海外员工的安全，华为公司一般都会租用当地富人区的房子供员工住宿。为丰富海外奋斗者的业余生活，华为每年都拨出专款购买健身器材、书籍、影碟、电视机等配备给那些海外员工。对于已婚的海外员工,公司还会为其家属提供一年三次的往返探亲机票。华为还建立了全球行政管理体系,在海外代表处设立图书馆、食堂等。部分偏远地区饮水困难或水质不好,华为的驻外代表处就为其购买纯净水。在这些年里,只要遇到紧急情况,华为都会上下协同一致,快速采取一切力所能及的措施保障员工生命和财产安全。

有一个典型事例,能够说明华为公司对奋斗者健康和安全的关心。2012年12月4日的晚上,华为安哥拉代表处28岁的员工王琮感到身体不适,代表处立即将其送往当地治疗疟疾最好的专科医院进行治疗。这名员工被确诊为脑疟,肝、肾同时衰竭,医院随即下了病危通知书。这时,华为员工保障应急小组联系当地的多家医院以后发现,安哥拉医疗条件相对落后,能够满足治疗要求的医院远在南非的约翰内斯堡,当地距离约翰内斯堡有2500多公里,飞行航程达3小时,救援专机一次费用就需15万元。

员工保障应急小组立即做出决定:不惜一切代价,员工生命第一。12月7日凌晨,救援专机护送王琮到达约翰内斯堡的医院,员工轮流看护,医生则采用最佳的方案进行治疗。其间,先后有20余名华为及其他中资机构人员为其义务献血,总献血量在1万毫升以上。与此同时,华为公司在第一时间协调家属办理签证和机票前往南非。不久王琮的病情就基本稳定,意识恢复,身体各项指征都转为正常。王琮家属表示:"华为公司强大的爱心阵容,形成了巨大的合力,使徘徊在死亡边缘的王琮转危为安。"

这名员工能得到专机救援,争取到最佳抢救时间,尤其得益于华为替员工购买的商业保险中含有美亚保险公司商务旅行险，这一险种涵盖了病情危急关头等紧急情况下的专机救援服务。为让员工获得更充分的保障，华为公司除参加法定社会保险以外，还为员工购买了商业保险项目，如商业重大疾病险、商业人身意外险、商务旅行险、商业寿险等，这就使奋斗者得到法定社会保险和企业法定义务之外的商业保险双重保障。

考核与文化融为一体

华为公司将考核与文化融为一体,以此赋能于奋斗者。因此,有人说,华为文化不是弘扬出来的,而是考核出来的;甚至也不是培训出来的,可以说是逼出来的。华为通过考核使每个人真正认同企业文化,成为公司的奋斗者。

按任正非的解释:"华为文化是包容性的洋葱头,不断地吸纳别人优秀的文化,把自己的文化做大做强;华为文化是可可西里的电影和残疾人表演千手观音,归纳为八个字'追求完美,无私奉献',这就是华为主张的文化。"(冠良《任正非管理思想大全集》,2011)这就需要考核劳动态度。华为劳动态度考核一视同仁,从老板到基层员工都要参加,任正非也没有例外。态度考核使用的是关键事件法,不靠主管打分,而是用关键事件来推证员工是否达到考核标准。举例来说,主管有关键事件记录,如某月某日交给下属一个任务,但因其遗忘造成某种后果,这就是没有责任心,就会被记录下来。在华为,关键事件法就是员工文化考核的主要方法。一般每个季度考核一次,年终再进行一次总评,得出一个总分。到2019年为止,劳动态度考核在华为已存在17年。考核结果与退休金挂钩,退休金不主要取决于工龄,而主要取决于劳动态度考核的结果。考核直接与个人利益挂钩,作为确定工资(如加薪)、奖金、股金的依据，当年配股都跟劳动态度考核有关。这就形成了靠制度、奖金和股金支撑华为文化的机制。在这一机制下，华为给奋斗者一种力量，让其认同华为文化，使奋斗变成一种自觉的行为。

华为有着与众不同的绩效考核体系。"华为基本法"第83条规定："必须把降低成本的绩效改进指标纳入各部门的绩效考核体系，与部门主管和员工的切身利益挂钩，建立自觉降低成本的机制。"华为的绩效考核体系非常有特色，成为一种奋斗者文化。作为一个极具竞争力的企业，华为有明确的公司发展战略，其整体绩效考核内容都是为华为发展战略服务的。考核的指标则包括下述三项内容：

（1）为使绩效考核指标能真正反映组织和个人绩效，华为在制订绩效考核指标时遵循一致性原则、关键特征原则、挑战性原则。一致性原则是指各层次目标应保持一致，下级目标要以分解完成上级目标为准则。关键特征原则是指目标项不要过多，选择对公司价值获取或利润影响较大的目标，以3~5条为宜，可视具体情况进行增减。挑战性原则是指目标值不宜过低或过高，应力求实事求是，以使目标既可以达到，又具有一定的挑战性。

基于上述原则，在制订考核指标时应该注意：考核指标是员工所熟悉的，必须让绝大多数人理解；考核指标是考核者与被考核者双方共同商量、沟通的结果；考核工作是基于工作本身而非工作者；考核指标是具体的、可测度和衡量的；考核指标不是一成不变的，而是根据公司内外情况而变动。

（2）符合设立KPI（Key Performance Indicator，关键绩效指标）的要求。在确定KPI指标时要遵循SMART法则。其中，S代表specific，即指标必须是具体可理解的，可告诉员工具体要做什么或完成什么；M代表measurable，即指标是可度量的，员工知道如何衡量自己的工作成果；A代表attainable，即指标是可达到、可实现的；R 代表 realistic，即指标是现实的，员工知道绩效可证明和观察；T 代表 time-bound，即指标是有时限的，员工知道应该在什么时间完成拟定的计划。

（3）考核权重的确定。权重表示单个考核指标在指标体系中的相对重要程度，以及该指标由不同的考核人评价时的相对重要程度。因此，在制订考核权重时，应根据不同工作关系和岗位职责对其权重加以区分。

华为使用平衡记分卡对中高层管理者进行绩效考核，反映出绩效管理是与客户的紧密联结，这是"以客户为中心"的核心文化的反映。华为公司非常善于学习，一开始学 IBM 的绩效管理，照搬其体系，然后又学了平衡记分卡，这是哈佛教授的战略分解工具。华为将平衡记分卡用在高管述职方面，因为高管必须要有战略分解的理念。平衡记分卡有四个维度，即内部流程、客户、财务、学习成长，其中的逻辑关系是：由学习成长培养员工，员工才能很好地执行公司的内部流程；内部流程完善的公司可以给客户提供满意的服务，而满意的服务最终带来财务结果。

管理大师彼得·德鲁克认为，目标管理关系到部门，绩效管理则关系到个人，而由过程控制保证结果。其中，绩效管理落实程度是企业目标管理的核心内容，也是最难做到的一个方面。华为研发部门的绩效管理，能在很大程度上做到绩效考核指标可衡量，体现出考核与文化的相融，反映出奋斗者文化的本色。华为研发指标的衡量，采用的是财务成功、市场成功标准，其核心的指标是利润、正向的现金流、收入三大指标。

如果研发项目 KPI 围绕 Q（质量）、C（成本）、D（交付时间）来设计，对研发部门的影响将是负面的，这是因为围绕 Q、C、D 的指标牵引对于华为的研发而言实际上是错误的。如果研发团队不具备持续开发成功产品的能力，研发流程也不充分，对公司造成的负面后果将会是巨大的，甚至具有灾难性。一个公司 2~3 年不能持续推出市场上财务成功的产品，基本上就离关门不远了。华为研发团队绩效考核指标的可衡量性，还体现在将组织绩效奖金与销售收入、利润及组织绩效 KPI 进行有效的挂钩，由此形成了一个业务目标—预算（资源配置）—组织绩效 KPI—薪酬回报的正向良性循环。

华为"奋斗者协议"

目标一直都是紧盯客户

华为文化的核心内容是"以客户为中心,以奋斗者为本,长期坚持艰苦奋斗,坚持自我批判"。"以客户为中心",就使奋斗者的奋斗有了目标,而客户的需求就成为奋斗的动力,需求越多动力越大。这就是说,以客户满意为绩效导向,这一导向一直就是华为发展的发动机,也是催生奋斗者精神的强大推力。奋斗者的目标一直都是客户。

任正非在接受媒体采访时曾表示,华为的核心价值观只有一个原则,就是"以客户为中心"。这与"以奋斗者为本"并不矛盾,实际上,二者是融为一体的。任正非解释说:"华为之所以崇尚'以客户为中心'的核心价值观,就是因为只有客户在养活华为,在为华为提供发展和前进的基础,其他任何第三方(包括政府)都不可能为华为提供资金用于生存和发展,所以,只有服务好客户,让客户把兜里的钱心甘情愿拿给我们,华为才有发展下去的基础。华为的价值和存在的意义,就是以客户为中心,满足客户的需求。我们提出要长期艰苦奋斗,也同样是出于'以客户为中心'这样一个核心价值理念,坚持艰苦奋斗的员工也一定会获得他所应得的回报。"(冠良《任正非管理思想大全集》,2011)在这一点上,华为是说到做到。

在华为公司，谁最能获得客户价值，酬劳回报就向谁倾斜。因为华为奋斗者都是"以客户为中心"，越有奋斗者精神，就越能获取客户价值。在这里，能"听见炮声的人"当然比机关员工有更多机会获得高绩效。一线作战单元优于一线作战平台，一线作战平台又要优于二线作战平台。华为鼓励最优秀的奋斗者奔赴一线，这也是华为虽全球作战，但优秀人才仍源源不断地供应的重要原因。

无论是晋升还是获得报酬，一线的总是比二线的有更多的机会。因此，当年利比亚战乱时期，在中方公司纷纷撤离时，华为员工选择了与客户在一起。事后核心员工连升三级，充分体现出"以客户为中心"在华为价值分配中的分量。

任正非在伊拉克的一次讲话，使人再次体会到华为"以客户为中心"的核心价值。任正非说："我们从事的是为社会提供网络，这种覆盖全球的网络，要求任何时候必须稳定运行。而我们提供的产品与服务已无处不在，无时不在，无论在缺氧的高原、赤日炎炎的沙漠、天寒地冻的北冰洋、布满地雷的危险地区、森林、河流、海洋……只要地球有人的地方，都会覆盖。我司已为全人类的20%提供了通信服务，网络要求任何时候，任何情况下都不间断，在这么宽广的地域范围内，随时都会有瘟疫、战争、地震、海啸发生，因此，员工在选择工作岗位时应与家人一同商量好，做好风险的控制与管理，不要有侥幸心理。华为并不只意味着高工资，高工资意味着高责任。华为将推出本地化薪酬，做一般劳动者也没有什么不光荣。我们的职业操守是维护网络的稳定，这是与其他行业所不同的。豆腐、油条店……可以随时关掉，我们永远不能。我们曾经在安哥拉，当地负责人不请示公司，就背弃了当地政府，背弃了运营商及合作伙伴，私自撤离，酿成大错。事后多年当地政府

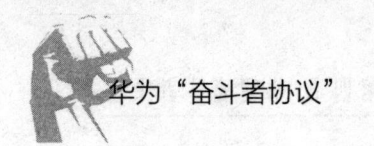

坚决拒绝华为再进入安哥拉,我们为此付出了多大代价才重返安哥拉!任何时候都可能会有动乱发生,我们在任何地方、任何时候只对网络的基本稳定承担责任;任何地方、任何时候,我们决不会介入任何国家的政治。放弃网络的稳定,会有更多的人牺牲。日本的50死士他们不牺牲,导致事故的扩大,就会有成千上万的人牺牲。任何事业都不是一帆风顺、布满鲜花的,我们选择的职业,是有一定责任的,而且企望担当重要职务的员工,责任更加重大。我们所有的干部,要如战争期间的共产党员一样,'冲锋在前,退却在后;吃苦在前,享受在后。'我们的各级骨干,应做这种选择。"(摘自任正非《2011年在华为伊拉克代表处的讲话》)

对于华为而言,只要客户不消失,就有存在的必要。任正非曾说:"为客户服务是华为存在的唯一理由。"(冠良《任正非管理思想大全集》,2011)客户既是企业收入的唯一来源,当然也是企业存在的唯一理由。企业满足客户的需求,为客户提供服务,就能获得丰厚的收入,此后员工、供应商、股东等都能分享收益,就能对外投资、给政府缴税。华为实行的"以客户为中心",关键就是要将客户的需求真正落地,明确客户需要什么,由此产生客户认可的价值,建立起以客户为中心的生态体系。华为奋斗者做到了这些。

《华为基本法》里明确提出:"要以服务来确定队伍建设的宗旨,以顾客满意度作为衡量一切工作的准绳。在服务过程中,如果无法推动客户解决维护中的隐患,以种种理由辩解,不管原因在客户还是自己,都会增加客户对产品和服务的不信任,降低客户满意度。"华为奋斗者都"以顾客满意度作为衡量一切工作的准绳",在以下几方面表现得尤为突出:

一是帮客户明白他们真正想要的是什么。有时候,客户可能并不完全知道自己想要的是什么。遇到这种情况,华为员工就会在为客户服务过程中,想办法找到客户的最终需求或真正需求,并通过优质的服务满足他们的真正需求。

二是管理好与客户的关系,拉近与客户之间的距离。华为员工一旦发现设备存在着可能的隐患,就会尽快通知客户。因此,客户将华为当成知己和贴心人。实际上,离客户越近,心里就越踏实,跟客户打交道的次数越多,就越能提高客户的满意度。

三是服务客户没有任何借口。面对客户提出的产品或使用问题,华为奋斗者不以任何借口予以推脱,总是从多个方面予以令客户满意的解决方案。有时候,问题出在客户身上,还是应该当成自己的事情,积极帮助客户解决问题。

四是快速地解决问题,客户就会真正认可企业的服务,满意度将大幅提升。华为正是以奋斗者的精神这样做的。有时客户后来发现问题的真正原因在于自己,但华为员工却当成自己的问题来全力处理,对此他们当然非常感动。

五是要以优质服务赢取市场。由于华为非常重视客户服务,客户买到的就不再只是某种产品,而是全套的解决方案,这还是一种真诚的友谊和联盟。当今服务的竞争已呈现出超过技术和商务竞争的走向,这强化了服务在市场销售和拓展中的重要性,以服务促进销售将会继续是华为奋斗者坚定不移的方针。

第五章
有效沟通形成奋斗团队

华为"奋斗者协议"

赋能的沟通与回应

华为奋斗者能形成奋斗团队，有一个要点就是善于进行有效的沟通，也就是进行赋能的沟通，以达成共识和一致，使上下同欲、积极协同。只有养成有效沟通的习惯，才可能造就企业的奋斗者精神。而沟通的本质就是要达成共识，要达成共识的目的，最终还是要推动团队上下的协力，形成高效执行力，这才是一种奋斗的状态。这就是说，无论是在企业的哪一个层级，都不应该是上级要你干，你才去干，而是员工自己就要干，就要奋斗。当然，在团队沟通中，管理者或上级起着关键作用。

员工的利益与企业的绩效息息相关，赋能的沟通就是为了让员工真正认识到这一点。有这样一个故事：有位老木匠想退休，他就告诉老板，说自己要离开这个行业，回老家与妻子、儿女在一起，享受家庭的乐趣。老板很不舍，因为这个木匠的手艺很好。老板就问木匠："能否帮忙再建造一座房子？"老木匠同意建造这座房子后就退休。不过，同事都看得出来，他在工作上已经有些心不在焉了。用的材料不好，出的也是粗活。当这座房子建好时，老板把房门的钥匙递给木匠，对他说："这所房子是我送给你的礼物，现在属于你了"。老板的话让他惊呆了，老木匠不相信自己的耳朵，也很羞愧。如果早知道是给自己建房子,当然就不会这样,现在自己得住一幢粗制滥造的房子。有一些员工何尝不像这位老木匠,平时漫不经心地工作,建造着自己的生活,缺少积极行动,遇事就消极应付,不愿意在工作上精益求精,到了关键时候不能尽自己的最大努力,等意识到自己的处境时,却早已困在自己建造的粗劣房子里了。通过沟通,员工能认识到自己在企业中的真实价值,实际上,每一位员工都与企业有着共同的命运。要索取,就要先付出,要向上级负责,给同事关爱,为客户提供合乎需要的高质量产品。

从本质上看,有效的沟通就是给奋斗者精神赋能。杰·韦尔奇被称为世界第一 CEO,他曾经说过:"管理就是沟通,沟通再沟通。"世界著名未来学家约翰·奈斯比特说:"未来竞争是管理的竞争,竞争的焦点在于每个社会组织内部成员之间及其外部组织的有效沟通上。"沃尔玛的创始人山姆·沃尔顿也特别强调沟通:"沟通是管理的浓缩。"有人用天堂和地狱,来形容沟通和不沟通的差别。

懂得沟通、协调,就能使组织配合有序、其乐融融,这就像是天堂;不懂得沟通、协调,就会各自为政、陷入困苦,这就像是地狱。

有效沟通的第一个要点是对回应的强调:良好的沟通和管理,源自于良好的回应。管理过程学派的开山鼻祖亨利·法约尔曾经做过一个经典的实验。他挑选了 20 个技术相近的工人,每 10 人一组,在相同条件下,让两组同时进行生产。每隔一小时,他会检查一下工人们生产的情况。对于第一组,法约尔只是记录下他们各自生产的数量,但不告诉工人们完成工作的进度;对于第二组工人,法约尔不但将生产数量记录下来,而且让每个员工了解他们的工作进度。每次对第二组考核完毕,法约尔还会在生产速度最快的两个工人的机器上

插上红旗；在速度居中的四个工人的机器上插上绿旗；在速度最慢的四个工人的机器上插上黄旗。如此一来，每个工人对自己的进度一目了然。实验结果是第二组的生产效率高过第一组。这就表明，在绩效管理中，即时、明确的沟通和反馈，有助于提升员工的工作绩效。

有这样一个案例，能说明良好的回应在有效沟通中的重要性。周一的上午，张经理在周工作计划会上，给部门商务助理小王临时布置了一项针对竞品价格进行对标分析的工作。因周五需要在公司例会上进行汇报，张经理再三叮嘱小王，务必在周五之前提交该项工作的分析报告。周二的上午，张经理感到放心不下，就去询问小王工作的完成情况，才得知小王把报告做成了"竞品品类分析报告"。问题出来以后，张经理埋怨小王开会的时候没有认真听，小王埋怨张经理没有讲清楚……经过双方再次沟通确认以后，张经理责令小王，抓紧时间重新进行调整、修改。

在这期间，张经理看小王没有主动汇报工作的进展情况，于是，就不厌其烦地频繁找到小王反复询问工作的进度，并且不断对小王过慢的工作进度进行催促。小王一方面因为张经理不断询问自己而产生抵触情绪，另外一方面，工作中也确实出现了一些问题，但担心受到张经理的批评，同时又觉得有能力做出调整，因此就没有向经理汇报，反而做了掩饰。

张经理以为小王的工作已经进入正轨，于是放松了问询和催促，也没有给出更多的指导。结果小王的工作没有按期完成。直到周四临近下班的时候，小王才把情况汇报给张经理，无奈之下，张经理只好接回了工作独自加班完成。

上述案例表明，沟通不是随意就能有效进行的，需要遵循一些原则和方法。如事前要复述承诺、事中要节点回馈、事后要结果汇报。

在企业的沟通过程中,第一步叫做复述承诺。这是要使工作任务清晰化,并得到员工明确的承诺。也就是说,要避免管理者带着"我以为、我认为、我觉得"去布置工作,也要避免员工带着"我以为、我认为、我觉得"的心态去理解工作。在工作执行的过程中,避免结果还没有出来的时候,上级说:"我以为、我认为、我觉得这样简单的工作,你是完全可以做好的。"而员工如此说:"我以为、我认为、我觉得你讲的就是这个意思。"

最后,似乎大家都说得对,做出这样一个总结:应该加强沟通。实际上,关键的问题是没有做到"有效的"沟通。因此,管理者在下达指令以后,一定要加以复述,在与客户合作的时候也是一样。在餐馆的经营中,那些生意好的、门庭若市的餐馆和那些做不大的餐馆,在与客户的沟通上存在着很大的差别。做得好的餐馆的沟通一般是规范的,下完单以后通常会做一件事情,就是服务员报菜名,问顾客有没有什么问题,没问题就下单。而那些表现差的餐馆,与客户吵架是家常便饭。有一次,我请朋友吃饭,就因为这种沟通问题,餐馆服务员上错了一道菜。本来点的是一盘毛肚,结果上了一盘毛血旺。那个服务员说:"这位先生,您就凑合吃吧。"因为餐厅经理一直在骂这名服务员。她宁愿得罪顾客,也不敢因为这样的错误去得罪上司,觉得在那儿压力更大。当然,这是一种缺少奋斗精神的工作状态。

复述可以保证信息的一致性和完整性,防止出现理解上的偏差。复述对于奋斗型企业的执行效率很重要。在军队中,复述也影响到军队的执行力。军人在接到指令以后,做的第一件事情就是复述上级的命令,复述以后再去执行。看似简单的一个动作,却是带有赋能含义的,对于奋斗者很重要,但很多企业的在管理过程中常常忽略掉。管理者应该明白,与其事后再去扯皮和闹矛

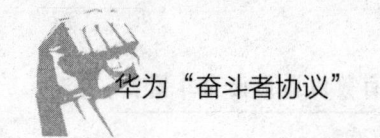

盾，不如事先就把这一工作做好。

复述完以后，接下来需要做的事情就是承诺，下级的承诺代表的是责任。如果没有要求员工做出承诺，那么，从员工或指令接收方来看，这个责任就是上级的。况且，下属或员工通常认为要对管理者负责，而不是对自己领到的工作负责。从心理的角度看，在执行的过程中，人都习惯按照自己想的、说的去做，而不是按照别人说的去做。因此，要让下属复述，同时要加以承诺，并将承诺转化为行动，因为承诺的言外之意就是行动，最后还要用结果来兑现这一承诺。

有效沟通的第二项原则是节点回馈。就是根据工作的进度，设计关键的时间节点，定义关键的阶段结果，让员工主动来回馈：现在的工作进展如何，现阶段的工作开展得怎样。这也是沟通中重要的、赋能性的工作。如果没做这个工作，就可能会导致执行中出现偏差，工作也被延缓或停顿。即使查出问题出在哪里，可能也为时已晚，结果无法挽回。

例如，周一安排下属做一个方案，周五要带到客户那里去。那么，应该怎样安排关键节点呢？可以在周三上午提交一版，周三下午在公司内部进行终稿的演练，周四进行修订，周五再次演练和最终敲定。把握好这几个关键的节点，就不会出现大问题，在客户那儿的成功率也会更高。如果周一布置工作，周五的时候提交，出现问题就可能无法挽回，修改已经来不及了。

节点回馈实际上是对监督、检查工作的一种补充。从某种意义上来讲，监督与检查的背后是要训练员工养成积极回馈或回应的习惯。从人性来讲，人都不喜欢被检查，但管理者要对奋斗者进行赋能和文化宣导，让大家养成习惯，在沟通过程中进行节点回馈。

沟通的最后要进行结果汇报，不然的话，沟通就没有完成。许多时候，下属的一项工作早已完成，管理者却一直没有收到结果汇报。这就是因为员工没有养成结果汇报的习惯，因此，也就没有建立高效的沟通机制。为了建立赋能的高效沟通机制，应该把"叮嘱"变成"承诺"，把"反复询问"变成"节点回馈"，把"不断催促"变成"有效督导"。只有这样的沟通，才可以让管理者心中有数，又使员工胸有成竹，促进奋斗者精神。

积极的回应是良好沟通的保证，四维回馈法强调了从四个关键维度做出回应：进度、需求、结果、困难和应对方案。首先要明确工作的进度，包括目前的工作进度是什么，已经完成了或还未完成，计划在什么时间完成，接下来怎么做，在什么时候能够最后完成。

需求就是如果要去开展一项工作，执行者就要了解一下这项工作的需求是什么，需要在人力、物力上得到什么样的支持。在这个过程中，还应该看一看，实现工作目标需要哪些部门在工作上给予相应的支持，还要检查一下工作结果和问题：阶段结果达不达标？截至目前阶段的结果是什么？完成了什么？离最终结果还有什么差距？没有完成的原因是什么？这个问题以后将怎样进行解决？

通过这样的沟通，管理者能做到心中有数，就能在自己的管理工作中赋能给员工，让员工养成这种非常重要的工作习惯，知道怎么更好地顺利完成工作，执行时也会更好地焕发奋斗者精神。当然，管理者对自己的上级和老板，也需要养成这样的习惯。

按能力和意愿沟通

有效沟通还有第二个要点,那就是要针对不同的人进行不同的沟通,这是一种赋能的情景式沟通。肯尼思·布兰查德与保罗·何塞在1969年提出情景领导法,这一管理理论的核心,就是管理者应根据员工的状态来决定与转换管理的风格。虽然这一理论是在讲述管理和领导方法,实际上,在很大程度上涉及的是管理者和下属之间的沟通方式,可将这一理论所倡导的沟通方式,称为情景式沟通。在企业管理的实践中,这种有效的沟通可产生奋斗者精神。

有效沟通的秘密,就在于使上级的沟通风格与下属的状态水平相适应。管理者要不时地对员工在给定工作上表现出的状态水平进行观察,以调整自己的沟通方式。沟通方式不当,如偏强或偏弱,都容易引起管理中的问题,成为组织氛围和绩效不佳的重要原因。由此可见,进行有效沟通,管理者需要针对不同的人采取不同的沟通风格;即使对于同一个人,也要根据不同处境采取不同的沟通策略。

情景式沟通法提供了管理者进行赋能的有效沟通的思路。根据下属能力和意愿组合成四种情景沟通的基本方式或风格,包括指挥式沟通、教练式或批准式沟通、团队式或把关式沟通、委托式或授权式沟通。当然,这四种沟通风格并不存在优劣之分，各种沟通风格都有其优缺点，更没有最佳的沟通风格。管理者有效沟通的关键是根据下属不同的工作状态（或称员工准备程度），及时地确定或改变自己的沟通风格，以此适应下属的状态，为员工的奋斗者精神赋能。

管理者要根据员工的工作状态，实施有效的沟通。员工或下属的工作状态，取决于他们的技能、知识、经验、价值观念等能否支持他们干好某项特定的工作，表现为员工对自己手头工作负责任的能力与意愿，即能力准备度和意愿准备度。下属的能力和意愿，有如下四种情况或状态：

一是高能力、高意愿。员工的高意愿，有时候还表现为对工作很有信心。对于那些能力强、工作意愿度也很高的人，不需要管理者婆婆妈妈地说太多，这样反而会让下属觉得上司似乎对自己不太放心，执行起来的成就感不会太强。因为他的专业能力很强，那些关键点也都考虑到了。管理者应该跟他谈谈工作的目的和想法，而不是过多指导或干涉工作内容，要给予上升空间，以建立共识、定义结果、适度授权，保持思想和价值理念上的一致。

这样的下属在管理者的赋能、指导、勉励之下，将会进一步靠近成熟的奋斗者，能力和意愿方面都将更能适应工作需要。这时要采用委托式的沟通风格，工作交给下属，管理者只需授权和考察。

二是高意愿、低能力。高意愿也表明对工作有较高的信心，但又有能力不足的缺点。因为之前已有的工作经历，下属对工作具备的自信当然不是盲目的，也有信心并渴望学习，或是想学并相信自己有能力学好。工作意愿较高是一种有利于奋斗精神的状态，但技能仍然不能达到工作要求。提高技能成为赋能的切入点，需要较多的培训和辅导，要给方法、做训练。对于工作，要事前指导、事中检查、事后沉淀或总结，就像师傅带徒弟一样。

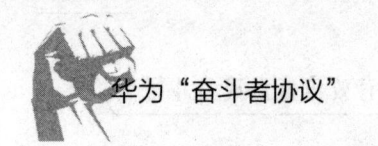

这种情况应该采用教练式或批准式的沟通风格，指导、支持下属，为员工的奋斗者精神赋能，使他们尽快提高技能与知识。

三是高能力、低意愿。这样的人能力很强，但心态还没有调整好，或是不愿意、或是不自信，本领难以发挥。这样的员工往往是老资格的，以前在管理者的赋能和指导帮助下，其技能与知识已足以完成工作，但如果他们面临更具挑战性的工作时，就有可能在自信上再次出现问题。当然，缺少意愿也可能是其他原因造成的，以致于缺乏内在驱动力。这是一种奋斗精神退步的状态，管理者应分析出现这种状态的原因，改善自己的工作。

这一类下属需要通过相关的培训得到赋能。对于这种状况的员工，还应该讲清原则、树立方向，给予充分的赋能以调动其奋斗者精神，同时做好过程的把关，紧盯结果。管理者对这样的员工应采用团队式或把关式的沟通风格，由此给下属的奋斗者精神赋能，帮助员工解决问题。

四是低意愿、低能力。员工不仅缺乏完成工作的能力，工作意愿也低或对工作没有多少把握，表现为缺乏相关知识与技能，也没有兴趣学习，这就是一种负能量状态，甚至对奋斗的反应很消极。还有一种情况，就是原本是很称职的员工，但因为企业中发生的各种变化，使得他们与组织格格不入，变得消极无为或缺乏工作兴趣。

这是一种亟须赋能的状态。对于这样的下属，要细致地约法三章，讲清工作的结果和消极行为的后果，还应该建立机制，逼迫这样的员工成长，明确考核淘汰制度。管理者应采用指挥式的沟通方式，通过命令和严格的监督来引导并指示下属，将他们引向正常的轨道。

从时间过程而言，处在不同工作阶段的下属或员工，其工作状态是不同的，即使是在相同的阶段中，也会因不同的工作类别或某种状况而有不同的工作状态。

有这样一个通过有效沟通，给员工赋能的例子。艾姐是一家大型企业的行政总监，兼管人力资源。由于她善于沟通、热情又细腻的管理风格，公司里的员工都叫她艾姐。有一次，艾姐注意到下属行政办公室的一个以往踏实肯干的助理女孩，最近工作总出错，多次提醒的事情也记不住，也不知道是从哪一天开始的。后来又发现，这个小姑娘有时下午不在座位上，有几次还被同事发现她居然在厕所打瞌睡。大家都在猜测，这个女孩可能是在谈恋爱，太投入了，心思都不在工作上了。也有人怀疑小姑娘为了多赚钱，找到了什么兼职，弄得每天都那么疲劳。为这件事，公司里有各种各样的流言。

有一些同事建议把她辞了，这当然是通常的做法，毕竟她还只是一个实习小助理，这样的工作效率和态度，真不如招聘一个新员工。但艾姐有她的考虑："可能是女人天生的第六感觉，总觉得其中有什么原因。"于是她约了这名员工一起吃午饭，这才知道女孩的妈妈刚做完手术，目前还在住院。这几天，小姑娘都在医院陪床。因为家境不是太好，花不起请陪护的钱，又不愿请假，怕扣钱，每天都硬熬着来上班。知道了事情的真相，艾姐就表现出通常的干练，对这名员工说："明天开始给你一周的倒休，把这件事处理好，时间应该够用了吧？调休结束后用周末加班来抵回这些工时。"女孩当时有点傻眼了，大家都是先加班后倒休，这一回是先倒休然后加班，这事可真是有些新鲜。

大家都没有想到，艾姐作为公司规章制度的制订者和执行者，竟然会做出这样的安排。但艾姐解释说："规矩是死的，但人却是活的。公司的规章制度是用来管人的，在制度允许的调整范围内，还是需要有人情味。管理既不能感情用事，也不能不讲情理。要善于把握这许可范围，实现有效的沟通。"

华为"奋斗者协议"

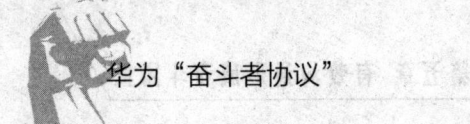

后来，这位行政助理周末加班的时候非常用心，又因为工作上的需要，还自愿多加了两天班。艾姐对这件事的处理，表现出华为灰度管理的风范。

　　一个奋斗型的管理者，当面对下属的不同状况时，一定要先了解他们，要学会根据不同的情境而智慧地处理。在准确地把握下属状态的情况下，及时地决定与改变自己的沟通和管理风格，做出适当的安排，实时地给员工的奋斗者精神赋能。只有进行有效的沟通，才可能赋能性地引导他们，与他们一起成长和成功，打造出奋斗的团队。

关注和落实责任

有效沟通的第三个要点强调对人和责任的关注。这就是说，既要关心责任的落实，更要关心落实责任的人。企业的工作一般都是由一群人一起完成的，由此而产生出效益和客户价值，进而实现员工的个人价值。因此，在强调对人的关心时，既包括管理者、下属或员工等个人，也包括团队。

许多世界级的企业都注意到了这一点。IBM公司有这样的训词："把员工照顾好，员工才会把客户照顾好！"李嘉诚说："记住，是员工养活了公司！"这也像某企业的文化宗旨所表明的："个人的价值来自于团队！只有团队增值的时候，我们才会跟随团队一起增值！"

在企业中关注和落实责任，还需要管理者首先以身作则，为他人做出奋斗的榜样。西点军校有这样一个校训："你是否有能力让下属跟随你冲进枪林弹雨，取决于你是否能让他们相信你的心中装着他们的利益。"因此，西点军校培养了许多优秀的将领，甚至培养了许多世界500强公司的CEO。企业家就要有大格局，而这格局的背后，就是能够在那份事业版图里装下企业的每一个人，不是流于形式，而是真正意义上的沟通和实干。

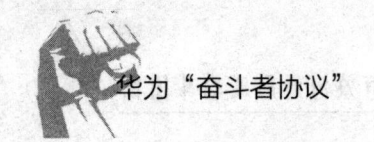

遇到员工出问题时，管理者还要注意多动脑筋，合情合理地解决问题。以下事例说明上级关心下属需要真心和细心。经常会有人说："我不做没有技术含量的事情。"刘工本来是计算机工程师，技术很好，凡是在他眼里缺少技术含量的事，一概不做。但在前年，经过上级的多次劝说，终于从自己的专业领域进入到管理层，被任命为创新研发部的主任，领导了一个30多人的技术团队。作为一位技术专家，他要么不做，做就要做到极致。对于团队管理，他也是如此。

当公司进行跨部门评核时，他带的两个刚来公司5个月的研究生，被客户部经理狠狠地点名批评，说这两个人在为客户服务时态度恶劣，受到客户的投诉，对客户关系造成不良的影响。对于这件事，刘工并没有立即问责下属，也没有漠视和反对客户经理的批评意见，就如做软件产品时，任何表面应用问题，都反映程序自身的问题，绝不会是简单的1+1=2。刘工细致地调查了整个事情，做出结论说："后来发现了问题的原因。一是当时客户经理急于拿下订单，对客户做出过度承诺；二是客户现场的负责人是不懂技术的管理者，误认为公司的客服人员给出的合理化方案只是想省事；三是那两位工程师入职的时间短，应对突发状况的经验不足，在没做好有效沟通的情况下态度显得太过急躁。"既然将问题的根子找出来了，那就针对问题具体地解决。经过摆事实、讲道理，说得下属口服心服，也让公司的客户部门同意建立突发状况的紧急沟通机制。对于这件事，刘工说："我不愿只是做一个传声筒，对于没有技术含量的事，我肯定是不做的。"

作为企业中的管理者，需要懂得，许多时候自己的行为也是一种沟通方式。在涉及个人利益和团队利益哪个优先的时候，首先要把团队利益放在第一位。有这样一句话："血浓于水，没有个人利益的牺牲，就不会有真正的团

第五章 有效沟通形成奋斗团队

队。"只要一个人为团队牺牲得足够多，这个人就是团队真正的管理者。这就是说，管理者应该牺牲个人利益、眼前利益，以求整体利益和长远利益。实际上，管理者的价值是按照长远利益和整体利益定义的。

有些管理者自己买车买房，但员工需要管理者帮助自己成长、需要提高收入时，却从来不予以考虑。这样的公司当然做不大，下属跟着这样的管理者也不会有干劲。员工跟随管理者工作，那是因为能收获成就感，可以实现个人价值。简单来讲，就是精神上得到满足，物质上又有收益。有一些管理者（包括有些中层干部）带团队，队伍始终带不大，这里就能看出一个问题：当利益发生矛盾冲突的时候，管理者始终会把什么放在第一位？中国有句古话"吃亏是福"，就是要人懂得去牺牲，让出属于自己的一些利益。

管理者不仅自己要以身作则，还要善于给员工的奋斗者精神赋能。许多管理者都会遇到这样一个问题："为什么自己的员工眼光总是不能长远？"其实，这是很容易理解的。企业员工如果只是喜欢计较眼前的事情，那是因为眼里看不到未来。在一个企业中，员工的未来当然需要管理者给他创造机会，需要奋斗和成长。因此，管理者要通过赋能性的沟通，使员工相信在这里干有未来，但不是靠着画饼，也不是靠着整天空讲未来。要让员工感受到每一天都是值得期待的，每一天都在发生变化，每一天都在变好。

员工也需要看到自己真正的利益，由此而催生奋斗者精神。世界上最卑微的员工，就是那些只为薪水而工作的员工。实际上，每个人都有两份薪水，一份是公司发的，另一份是自己给自己发的。公司发的是钞票，自己发给自己的是宝贵的工作经验、无可取代的成长心得、负责任的习惯。薪水只是额外的小费，一个人的成长、能力、经验、良好的心态比金钱更重要。这是因为自己给自己发的薪水决定了金钱或公司发的薪水。因此，对于员工而言，进入一家

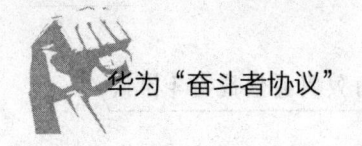

公司工作，千万不要瞎混。

有一个北极熊舔血冰棍的故事，可以用来说明这个道理。北极熊的皮毛在国际市场上很昂贵。爱斯基摩人狩猎北极熊，想要拿到一张完整的北极熊皮毛，开枪、拿刀劈都不行，会损坏熊的皮毛；投毒也不行，这可能会影响毛色的光泽。于是，爱斯基摩人为此做了一件事情，他们在晚上往冰桶里面倒水，同时往冰桶里扎上一些冰刀。先放上一晚上，第二天早上起来以后，再倒上新鲜的海豹血液，将冰桶放在户外。一会儿，北极熊闻着血腥味就过来了。过来以后，看到血冰棍、闻着腥味，先是尝试性地伸出舌头舔一下，觉得味道好极了。然后，又舔一口，越舔越带劲，舔着舔着发现舔热乎了。为什么会这么热乎呢？原来是北极熊自己的血喷出来了。最后，北极熊因为失血过多倒在了地上。

这个故事虽然听起来有些瘆得慌，却带来了许多的启发。当某个人在一个平台上工作赚钱的时候，应该经常回过头来想一想，通过工作有没有获得自己的成长？自己的成长速度是否始终快于老去的速度？自己每天的工作，究竟收获的是相对成长或是公司内部互相攀比获得的成长，还是收获了绝对的成长？每天是否就像北极熊一样在舔着血冰棍？

有效沟通的关键点

沟通总是为了一个特定的目的，要将指令、信息、思想、情感等在个人之间或人群之间传递，以求达成共同协议的过程。但沟通并不总是有效的。本章前面的内容，已从多方面对如何进行有效沟通做了叙述，主要涉及有效沟通的重点和要素，着眼点则是针对企业中奋斗型的沟通。实际上，有效的沟通还有一个细节的层面，或称沟通的技术层面，同样是必须加以注意的。有一些沟通细节，甚至可以看作是有效沟通的关键点。

美国心理学家罗伯特·西奥迪尼在其著名的《影响力》一书中，提出了一个有效沟通的定义或定律。他在上述沟通定义的基础上，加上了一些关键的内容：有效沟通是指在恰当的时机和适宜的场合，用得体的方式传递信息，表达思想和感情，并能被对方正确地理解、执行而形成沟通成果的过程。这里面包括了有效沟通的五个要点，即时机、场合、方式、内容、结果。这也是有效沟通需要注意和把握的重点。其中，沟通内容还可以分解为信息、指令、思想、情感等，沟通的结果包括理解、执行等。

为了实现有效沟通，西奥迪尼还在技术层面提出了六项原理，那就是好感原理、互惠原理、社会影响力原理、言行一致原理、权威原理、稀缺性原

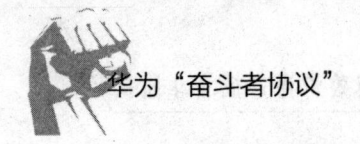

理。好感、互惠、言行一致三项原理比较容易理解，其含义已包括在这些名词的字面意义之中。权威原理指的是使用专家的权威来加强沟通的有效性，因为人都更愿意听专家的话，这也是容易理解的。对于社会影响力、稀缺性等原理，则需要做进一步的解释。

社会影响力原理又可称为社会认同原理，按照这一原理，人们会效仿与自己相似者的做法。《公众舆论》一书的作者沃尔特·李普曼说过："当大家都以相同的方式去思考时，没有谁会想得太认真。"这是因为人具有社会性，在如何思考、感觉、行动等方面，对周围的人依赖性很强。无论是直觉，还是实验都证实了这一点。将这一原理应用在沟通中，就能大幅度提高沟通的有效性。例如：某位经理想要精简本部门的工作流程，但是，有一群老员工对这一措施进行抵制，即便老板出面也难以说服这些员工。于是，部门经理请一名支持这项举措的老员工在团队会议上发言，积极支持这项精简措施。这一来，竟然很快就说服了那些表示反对的员工。稀缺性原理即短缺原理，说的是某样东西越少，想要的人就会越多。那么，将这一原理应用于沟通时，就要强调稀有性与信息的独家性。生活中有时会看到这样一个现象：一位男生喜欢某位女生，可一直没有采取行动。但当这名女生有了一个新的追求者时，男生就会迅速地采取行动。一名管理者也可应用稀缺性原理来进行有效沟通。例如，某位管理者手上有一个大家还不知道的资料，这一资料的观点又与自己的想法一致，他就使用稀缺性原理来说服大家。当资料摆到他的桌上时，这位管理者就将相关的骨干人员都叫到自己的办公室，对他们说："我刚收到一份报告，到下周五才会公布。但我想让大家先了解一下这份报告的内容。"大家听到这话，都急切地上前来，传阅着这份报告。

实际上，在企业管理中，沟通无时无刻不在进行，但有多少时候沟通是有效的呢？现实情况表明，许多沟通并不是有效的，也不是奋斗型的，有时候还具有负能量，产生破坏性的后果。甚至有些在技术层面上已经很完善的沟通，也称不上有效的沟通，这是因为沟通中忽视了一些东西或没有紧抓关键点。有效沟通需注意3个非常重要的关键点：

一是有效地传递沟通意图。如果把沟通仅仅当作是传递和交流信息，就会发现对方难以领会你的意图，这就难以影响对方的行为。还要通过自己的行为，传递意图，影响对方。

二是有效地传递沟通内容背后的思想。唯有把思想的传递视为沟通的本质，才可能使对方真正领会你的意图。向下属派发工作任务时，注意把背后的思想、观念和意义与员工分享。

三是有效地达成共识。沟通还在于引导对方与自己达成共识，形成对问题的一致理解。

第六章
赋能的人力资源制度

华为"奋斗者协议"

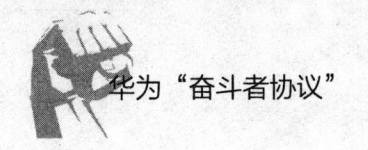

赋能的华为薪酬福利制度

通过各种激励制度给员工赋能,是产生和保持奋斗者精神的前提。当然,奋斗者精神也具有给自己赋能或给别人赋能的作用,这二者有一种相互促进的关系。华为的薪酬制度就是这样一种赋能的制度,能发挥出培育企业奋斗者的作用。

华为公司薪酬制度的指导思想是"以贡献为准绳"。正如华为总裁任正非所说的"我们的待遇体系,是以贡献为准绳的。我们说的贡献和目标结果,并不完全是可视的,它有长期的、短期的,有直接的、间接的,也包括战略性的、虚的、无形的结果"。(摘自任正非《在人力资源管理纲要第一次研讨会上的发言》)贡献是员工对企业的付出,这一付出能够让企业获得利益。当薪酬与贡献挂钩时,就能充分调动员工工作的积极性,既使企业获益,也让员工获益,体现出华为的公平公正。实际上,对企业做出杰出贡献的人,都是杰出的奉献者。因为员工在企业中越是奋斗,对企业做出的贡献就越大。可以这样说,华为的薪酬制度也是以奋斗者为本、向奋斗者倾斜的。

华为公司薪酬主要包括工资、奖金、分红这3大块,如果员工被外派到国外,还有艰苦补助和外派补助等。华为薪酬制度有其明确的定岗定责、定人定酬机制。对于员工岗位的分配，严格地按照《岗位说明书》进行，以确保"人岗匹配"。工资的分配采用基于绩效和贡献的职能工资制，对岗而不对人，支付与员工岗位价值相匹配的薪水或酬劳。奖金的分配和发放，与部门和个人绩效的相挂钩，实行多劳多得的制度，以此调动员工的主动性和积极性。

可见，华为公司不只是"舍得花钱"，更重要的是"懂得分钱"，并设计了一套"定岗定薪，易岗易薪"制度，意思就是以奋斗者为本，工资薪酬根据岗位来确定。

华为公司职位与薪酬的管理过程，可以具体概括为16个字：以岗定级、以级定薪、人岗匹配、易岗易薪。对于每一个级别、每一个岗位的工资，在评定时既考虑到了对外的竞争性，又考虑到了内部的公平性和公司的可支付能力。

首先要"以岗定级"，即建立职位和职级的关系，这是通过建立一个职位、职级表来确定的。每一个职位都会确定一个对应的职级，这个职级也代表这一岗位对企业贡献的价值评估，包括对任职者个人的评估、对岗位价值的评估、对组织绩效的评估三个方面。为完成"以岗定级"，华为公司的人力资源部门采取了两个步骤。一是对公司每一类岗位确定岗位序列，如市场岗位序列、研发岗位序列等。以研发岗位序列为例，这一序列又包括助理工程师、工程师、高级工程师等评分渐增的职位。二是对各职位序列进行评估。评估着重于该职位应负的责任是什么，控制的资源有哪一些，产出是什么，还要考虑这个职位所面对的环境和客户的复杂性程度如何，在此基础上，还要考虑承担这一岗位的员工需要什么样的知识、经验、技能等。其中，最主要的是通过某职位承担的产出和岗位职责，来对这一职位进行衡量和综合评估，衡量的结果用一个职级数字来进行描述。华为公司用的是Hay（合益）职级序列。完成了这两个重要步骤，就建立起了一个职级和职位的对应关系，便于对员工薪酬进行

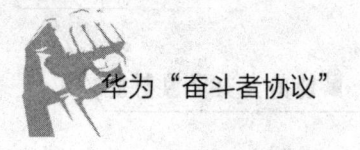

赋能的量化管理。

接下来就是"以级定薪",这指的是界定各职位的工资范围,实际的呈现形式,就是一个职级工资表。华为公司的薪酬体系使用的是宽带薪酬体系。对于每一个级别,从最低一级到最高一级,都有长长的带宽,每个部门的管理人员,都可以根据绩效对自己的下属员工,在这个带宽里面进行工资幅度的调整。这样,在同一个级别里面,就可以根据员工的业绩或绩效,对于做得特别优秀的员工提出调薪申请。华为公司每年都会进行例行的薪酬审视,员工的调薪申请都集中在这时提出。因为不同级别之间的薪酬区间,存在着较大重叠,一名员工即使不升级,工资也有提升的空间,甚至还可能超过上一级别工资的下限。当然,这需要在岗位上努力奋斗,对公司做出持续的贡献,绩效足够好。也就是说,华为公司的薪酬制度是向奋斗者倾斜的,为的是给奋斗者赋能。这种做法,还有利于引导员工在某一个岗位上做深、做久、做实,保证岗位的稳定性。

通过"以级定薪"的环节,就对每一个岗位级别在公司能拿多少工资进行了一个量化的界定。公司中每一名主管,都可以依据以岗定级来评定下属员工的职级,然后对应相应的级别,确定这名员工的工资范围。当然,每一个公司都可以酌情设置自己的职位薪酬管理模式,或是采用职位薪酬的宽带管理,或是采取窄带的薪酬管理模式。华为公司的宽带薪酬模式,有利于给奋斗者赋能,弘扬奋斗者精神。但对于管理人员的沟通、管理能力,以及管理者对员工状况、调薪幅度的把握能力,都有比较高的要求。

一般而言,华为应届本科、硕士入职为13级,博士入职为14级。内部公开查阅只显示到22级,超过22级属总裁级别,这些级别不公开显示。据华为员工透露,2014年到2015年大幅度提升工资基线以后,每级工资的最大差距达 4000 元。13 级的工资浮动范围在 9000 元到 1.3 万元之间，14 级的范围为 1.3 万元到 1.7 万元，15 级的范围为 1.7 万元到 2.1 万元，16 级的范围为 2.1 万元到 2.5 万元，17 级的范围为 2.5 万元到 2.9 万元。然后，级别越往上工资薪酬的差距越大。有一份华为公司律师函件显示：某地区部的某销售副总裁岗位是 22 级，税前工资 8.25 万元。

华为薪酬管理的再下一环节是"人岗匹配"，即对岗位责任与人员的匹配进行评估。这一环节要考察和评估员工的能力与岗位所要求的能力之间的匹配程度。需要具体落实到个人，确定每名员工的个人职级及人岗符合度。"人岗匹配"最核心的工作是看员工的行为是不是符合岗位职责的要求，他的绩效是不是达到了岗位要求。此外，还要考察一些基本条件，如知识、技能、经验、素质等。如出现岗位的调动，"人岗匹配"就须依据新岗位要求来做评估和认证。当然，这一认证工作不是在调动之后立即进行，往往要等到新岗位工作三个月或半年后才进行。也就是说，根据新岗位要求的适应情况确定员工的符合度及个人职级，等到"人岗匹配"完成后，再决定相应的薪酬调整。

薪酬管理的最后一个环节是"易岗易薪"，关注绩效和职级方面。"人岗匹配"之后，确定薪酬的调整，就是"易岗易薪"需要解决的问题。"易岗易薪"针对的是岗位变化后的情况，一种可能结果是晋升，另一种结果是降级。

如员工的工资，已经超过或仅达到上一职级工资区间的最低值，这名员工的工资可以不改变，也可以获得提升，主要根据他的绩效或贡献情况。如果还没有达到上一职级工资区间的下限，一般来说至少可以调整到新职级工资区间的下限位置，有时也可进入到区间里面，具体调整数额还是取决于员工的绩效表现。这是晋升的情况。降级的情况也是根据员工的绩效和贡献来进行调

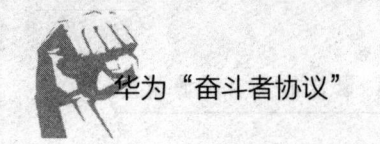

整，要在下一职级相对应的工资区间内，确定调整后的工资。如降级前的工资高于降级之后职级工资的上限，需要立即下调到降级后对应职级工资的上限或者以下。升降工资的目的都是为了促进员工的奋斗者精神。

在华为公司，一般入职达5年，考评在中等以上，职级15级的，年薪税前30万~50万元。入职达到10年，绩效中等以上，职级16~17级，年薪为税前50万~100万元。而职级18级以上，绩效中等以上，年薪税前均超过百万元，估计数目有数千人。常驻海外人员加上外派补助，税前年薪超过百万元者，人数应该在万人以上。这样的薪金体系，当然很具赋能性质。

赋能的华为奖惩激励体系

华为的奖惩体系与薪酬制度、企业文化密切相连,不仅体现了奖勤罚懒的精神,也是极为赋能的,还做到了以奋斗者为本,能培育和催生华为员工的奋斗者精神。华为公司的奖励制度,集中体现在年底的奖金和分红上。实际上,在华为公司,工资只能算是零花钱,高额的奖金和分红占了员工收入的大部分,公司中的百万元年薪者超过万人。而华为薪酬制度和奖惩体系的核心精神,就是要把缺少奋斗精神的落后者挤出去,实现"减人、增产、涨工资"。不过,对于员工报酬,华为公司的薪酬制度特别强调公平性,这也是赋能于奋斗者精神所必需的。包括下述3个方面:

一是对外公平。与同业人员相比,要保持公司薪酬在就业市场中的竞争力。

二是对内公平。对于不同工作岗位的员工,依据细致的工作分析与职位评估,确定薪金结构,并制订和执行相应的政策。

三是横向公平。对同等工作性质的员工,依据资格认证和绩效考核拉开合理的薪酬距离。

那么,在薪酬公平上,究竟外部竞争力与内部公平哪个更重要呢?当这

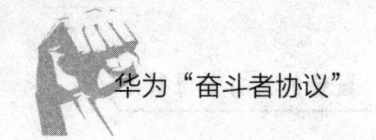

两个方面产生矛盾时，哪一方面将得到优先考虑？其实，偏重于哪一方面都是既有利、也有弊的。华为公司在处理这样的公平问题上，本着以奋斗者为本的精神，尽量平衡不同方面的考量，为的是给员工的奋斗者精神赋能。这是一个指导性的原则。

当然，在出现矛盾的情况下，一般还是会优先考虑外部竞争力。华为公司一直都在推行这一对外公平原则。根据华为前副总裁刘平的回忆，当他1993年初刚入华为时，月工资为1500元，但此前在上海交大工作八年的月工资只有400元。第二个月工资又涨到2600元，此后每一个月工资都会上涨。到1993年底，他的工资已经涨到6000元。仅仅一年，工资就翻了两番，上涨了4倍。华为公司中央研究院硬件院长周红曾经谈道："1997年（华为）博士毕业入职工资是4000多元，当时保姆工资大概500~600元。"（摘自周红中科大演讲《我的通讯十年》）据说，当2001年IT泡沫快速膨胀的时候，华为也招聘了将近6000人，使2001年华为应届毕业生入职工资达到阶段性的新高，硕士生7000元、本科5500元。而在同行业工资急剧下调时，华为也做了相应的调整。在2002—2003年期间，华为公司经过了两年困难时期，这时招聘人数也很少。到了2004年，应届毕业生的薪酬进一步达到新的低点：硕士5000元、本科3500元，但在同行业之中还是很有竞争力的。此后，随着华为公司的业绩逐步地回升，应届毕业生的工资又水涨船高。到2015年，应届生工资达9000~1.7万元的水平。其中，特招博士毕业生可以根据自身能力单独谈工资，这也突破了此前工资一刀切的情况。2015年底，华为高级副总裁、董事陈黎芳在北京大学的宣讲会上，给应届生开出的薪酬标准是：年14万~17万元起薪，最高可达每年35万元。

而在内部公平方面，华为的薪酬分配依据员工能力和对企业的贡献，奖金激励的高低要看团队和个人的绩效评估,也就是薪酬制度以奋斗者为本。陈黎芳2015年底在北京大学宣讲会的发言称:在华为奋斗越久越划算,工资变成零花钱。此话一出,华为公司内外一片哗然。但知情人士透露,陈黎芳此言不虚。华为内部有一句流行语,"三年一小坎,五年一大坎",很好地描述了员工的收入情况。这句话的意思是入职华为三年内大部分要靠工资,三年之后奖金逐步超过工资,五年以后分红逐渐可观。

华为公司的薪资分配制度坚定不移地向奋斗者或优秀员工倾斜。公司员工的薪酬构成分为两大类,即内在激励和外在激励。外在激励主要由基本工资、现金津贴、固定奖金、浮动收入、福利待遇、长期激励等共同组成,以金钱收入的形式发给员工。其中的长期激励以股权收益为主。内在激励体现在文化氛围、工作内容、工作生活平衡度等方面,主要是精神方面的感受。具体内容包括工作的挑战程度、文化氛围的和谐、同事间的互助友爱、培训发展的机会、公平透明的机制等一系列非物质的方面。

外在激励是重要的,但华为的内在激励对于培养员工的奋斗者精神更是具有重要的意义。这是因为奋斗者精神是内在的精神要素,通过适当的内在激励或赋能,就能够得到加固和增强,从而更好地转化为外在的、不懈的奋斗。

华为公司采取与贡献、责任相符合的职能工资制,这是华为薪酬制度的大原则。也就是按责任与贡献来确定任职资格,再按任职资格确定员工的职能工资。在奖金的分配上,完全与个人绩效及部门的关键绩效目标相关联。在福利的分配方面,都是以工作态度的考评结果为依据,医疗保险也是按贡献和级别来拉开距离。实际上,华为公司从成立之日起就奉行高薪政策,一方面这与当时通信行业的高利润有关,但主要跟华为总裁任正非以奋斗者为本的企业方针相关,显示出任总高瞻远瞩、大方分钱、敢于投入的气魄。

华为员工的收入根据个人和团队的业绩差距而拉开了距离,也体现出以

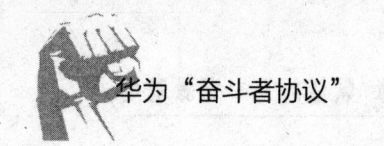

奋斗者为本的奖惩意识。华为有三大BG（业务集团），即运营商BG（Carrier Network BG）、消费者BG（Consumer BG）、企业BG（Enterprise BG）。当华为的奖金体系实施"分灶吃饭"以后，不同BG、不同体系表现出很大的差别。由于奖金与每年绩效具有强相关性，就出现奖金千差万别的情况。即使同为15级，绩效都是B+，无线研发税前可能奖金15万元，行业软件研发可能5万元，终端研发可能达20万元，GTS服务可能18万元。海外销售业绩好的代表处销售经理奖金可达30万元，绩效差的可能仅有10万元。如某地区部的销售副总裁，入职在2000年前，职级为22级，类似级别的人在华为有1000人左右，占比低于1%。这位副总裁2015年的税后分红达307万元，税后奖金46万元，税前工资8.25万元，离家补助有43万元。又如2015年华为终端（消费者）BG一年发了两次奖金，这让其他BG非常羡慕。不过，因为奖金扣税比较多，反而使各BG高层与中层之间的奖金差距没有那么大。

华为公司的加薪、配股、奖金等，全部都跟个人绩效和所在团队、代表处的组织绩效相挂钩。组织绩效取决于横向和纵向部门比较，以及年初设定目标的完成情况。而个人绩效的评比更显华为狼性文化：绩效排在前10%到15%考评为A，不超过45%的员工评为B+，40%到50%考评为B。绩效排在后5%到10%之间则考评为C或D，如果业绩考评为C或D，三年不能涨工资、配股，奖金当年为0，这种状况被称为"一C毁三年"。

在华为公司奖惩体系的驱动下，一般华为员工的级别越高，责任心也会越强，更具有奋斗者精神。也正是由于团队的绩效、公司的业绩都跟个人的收入呈现强相关性。这支由奋斗者组成的大军，就以超强的战斗力和奋斗精神，不断地取得越来越好的业绩。

赋能的华为晋升制度

每个华为的员工通过努力奋斗,以及在工作中积累的经验和增长的才干,都有机会获得职务或任职资格的晋升。华为施行职位的公开公平竞争机制,所有管理岗位晋升、降职条件明确。随着华为的快速成长,公司对奋斗型干部的需求也逐年增长。

华为公司 2014 年销售额达到 460 亿美元,实现 15% 以上的增长,这也标志着公司进入一个发展的新阶段。华为轮值 CEO 胡厚崑在 2015 年新年贺词中提出:"做全联接世界的使能者,是华为在这个最好时代的最佳角色。"这就表明了华为公司在未来全联接世界中的角色和担当,显现出企业进一步发展的广阔前景。不过,华为高层管理者也清楚认识到,组织管理能力或奋斗型干部将是满足业务增长需要和未来使命的关键因素。因此,胡厚崑进一步提出:"我们要使组织运行更灵活机动、响应速度更快;我们的管理运作要从以功能为中心向以项目为中心转变;我们要推进管理变革,提升运营效率……"在这一年的新年贺词中,提升组织管理能力已被明确地看作华为公司未来战略的重点。

实际上,提拔合适的干部,一直是华为所急需的。华为总裁任正非早就

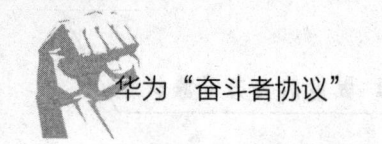

表明:"我们正面临历史赋予的巨大的使命,但是我们缺乏大量经过正规训练、经过考验的干部。华为现在的塔山,就是后备干部的培养。公司在发展过程中到处都缺干部,干部培养不起来,那我们就可能守不住阵地,可能要败退。"(冠良《任正非管理思想大全集》,2011)

华为有一套管理者的成长或干部晋升的制度体系,大体遵循基层员工(士兵)—骨干员工(英雄)—基层管理者(班长)—中高层管理者(将军)的职业晋升和发展的路径,其晋升制度或人才培养工作尤其注重实践,并将实践与理论密切结合起来。

华为干部或管理者的培养,可划分为"基层历练""训战结合""理论收敛"3个阶段。"基层历练"的过程强调的是实战,即"将军是打出来的"。对于这一阶段,任正非强调指出:"要在自己很狭窄的范围内,干一行、爱一行、专一行,而不再鼓励他们从这个岗位跳到另一个岗位。"这就是说,基层员工要在自己的岗位上,不断地提高绩效产出和业务水平。不过,华为也允许基层员工在相关职能的较小范围内比较机动地晋升和流动。

对于基层员工的晋升,华为公司与其他企业的做法有所不同。华为重视选拔,而不主张任命和培养。任正非指出:"苗子是自己窜出土面上来的,不是我拿着锄头刨到地下找到这个苗子。认可你,然后给你机会,但能不能往上走在于你自己。机会是靠自己创造的,不是别人给你安排的。"(摘自任正非在"2013年EMT办公例会"上的讲话)也就是说,干部需要通过实际的工作证明自己有能力,这样的干部当然不是培养出来的,而是选拔出来的。换句话说,华为的干部是奋斗出来的。而选拔的标准就是基层经验和成功的实践,这就印证了那句古语:"猛将必发于卒伍,宰相必取于州郡。"

任正非还说:"每个人都应该从最基层的项目开始做起,将来才会长大,

第六章 赋能的人力资源制度

如果通过烟囱直接走到高层领导来的,最大的缺点就是不知道具体的基础操作,很容易脱离实际。扛着炸药包打下两个山头你就当连长,没有什么服气不服气。"(冠良《任正非管理思想大全集》,2011)由此可见,华为的管理者或干部必须从实践中产生,这实践还必须是成功的。华为公司的组织建设与军队的组织建设有点类似,奋斗者先上战场,再带领团队和组织。

经过"基层历练"以后,就进入到"训战结合"的阶段。华为干部的成长路径是"之"字形的,有管理潜力的奋斗者通过基层实践选拔出来后,华为将会提供相应的跨部门、跨区域岗位轮换和培训赋能。任正非说:"证明是不是好种子,要看实践,实践好了再给他机会,循环做大项目,将来再担负更大的重任,十年下来就是将军了。人力资源管理部和华大要加强对种子的管理,种子到各地去干几年以后,不要沉淀下来了,把他忘记了,优秀种子回炉以后,可以往上校上将上走。自古以来,英雄都是班长以下的战士。那么英雄将来的出路是什么呢?要善于学习,扩大视野,提升自己的能力。"(冠良《任正非管理思想大全集》,2011)

华为公司有一个被称为"片联"的组织,由威望高、资格老的人组成,这些人一般都做过华为地区部门总裁。"片联"负责考察和提拔华为中高层干部,有干部提名权,可以推荐破格提拔的干部。在"训战结合"的阶段,华为公司的人力资源部和"片联"负责选拔有奋斗精神的管理型人才进行循环轮换,这属于此阶段"战"的部分。

华为公司学习美国航空母舰舰长的培养办法,注重干部的"之"字形成长,这就意味着干部要循环轮换,即岗位的循环与轮换。任正非曾指出:"过去我们的干部都是'直线'型成长,对于横向的业务什么都不明白,所以,现在我们要加快干部的'之'字形发展。"(冠良《任正非管理思想大全集》,

2011）的确，一般"直线"成长起来的管理者缺少实践的历练，往往难以担负协调性强和综合发展的事务。因此，《华为基本法》也规定："没有周边工作经验的人，不能担任部门主管。没有基层工作经验的人，不能担任科以上干部。"循环流动的人员到了新的部门后，需勤奋学习以适应新工作和新环境。各相关部门也将负责帮助新流动进来的人员尽快地融入及成长。当然，华为的干部循环流动是根据业务需要进行的，不能为成长而流动，而是成长以后才有流动机会。正如任正非曾指出的"比如搞概算、合同场景，只需要少部分人跨全球使用，但要求多数人能跨区域使用。为了培养一支有实践能力的队伍，我们才流动。我们只会给可能上航母当舰长的人进行循环流动，其他职员不需要海外经验，也不需要流动。职员族固定下来，干一行、爱一行、专一行。所以不是为了干部成长去流动，而是你成长了，就给你流动机会"。（冠良《任正非管理思想大全集》，2011）

在华为公司的晋升体系中，还包括"训战结合"和"理论收敛"两个阶段，都需要经过华为干部培训制度得到落实。"训战结合"阶段的培训赋能工作，即"训"的部分，是由华为大学承担的。

赋能的华为干部培训制度

华为公司的培训是"训战结合"阶段的实施,包括轮岗和全员培训等多个方面,形成完整的培训体系。其中,华为企业大学很值得一提。华为的干部培训主要由华为大学承担,这就使这个企业大学成为奋斗者的摇篮,又是奋斗者精神的赋能工厂。

华为大学一般通过短训方式快速输出奋斗者,也就是"能担当并愿意担当的人才",以满足企业的需要。因此,华为大学的教育学院从管人、管事两个方向和角度开发出相关培训课程。学习"经营短训项目"和"后备干部项目管理"课程的培训班,被简称为青训班。而"一线管理者培训项目"(First-Line Manager Leadership Program)学习班,则被简称为FLMP。华大青训班学习的是项目管理,而项目管理是华为管理的基本单位或细胞,被看作是华为公司最重要的一种管理。华为总裁任正非曾经说过:"美军从士兵升到将军有一个资格条件,要曾做过班长。将来华为干部资格要求一定要是成功的项目经理,有成功的项目实践经验。"任正非还强调:"项目管理做不好的干部,去管理代表处和地区部就是昏君。"这也是华为公司以项目管理为主线,培养后备

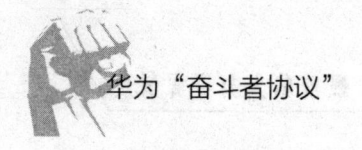

干部的原因。

青训班以"拉通端到端"项目管理和项目经营为主要的培训目标，覆盖的对象是将来要成为华为一线干部的后备人才。因此，随着这一培训课程的开展，将打下华为公司未来以项目为中心的科学化管理的坚实基础。青训班是一个不仅仅包括课程讲授，还包括自学、课堂学习、实战等多个环节的系统培训课程，由此给华为的奋斗者赋能。

对于一个有志于在未来成为管理者的华为奋斗者而言，仅受到项目业务管理的培训还是不够的，还需要更多的赋能。实际上，对于任何一个企业，想做一名合格的基层管理者，不仅要善于管事，还要学会管人。这些年来，随着华为公司业务的发展，不断有新干部上岗。帮助这些新任干部提升管理能力就成为当务之急，这些奋斗者需要在管理能力上有一个跳跃式的进步。在华为这样一个奋斗型企业，管人更是一件考验管理者能力的大事。

正是基于这些原因，华为大学推出FLMP项目，此培训课程的重点集中在管人方面，要使学习者实现从业务骨干到合格管理者的蜕变，也就是从一名个人奋斗者或贡献者，变成华为基层奋斗者们的班头，在公司起到承上启下的作用，承担起重大的责任。华为FLMP项目是专为企业基层管理者设计的，为的是"点燃每个基层管理者的内心之火"。当年FLMP项目负责人说道："点燃这1.5万基层管理者的内心之火，就意味着通过他们可点燃所有一线员工！"（摘自2014年华为大学项目荣誉奖评选宣讲会上的发言）

华为FLMP培训也与青训班有类似之处，这是一个集学习研讨、述职答辩、综合验收和在岗实践于一体系统的培训课程，要给基层管理人员的奋斗者精神赋能。

当培训的对象进一步趋向高层的时候，就有一个筛选的过程，要从干部培训的"训战"阶段，进入到高阶，即"理论收敛"阶段。在这个过程中，管理理论、企业文化、实战经验、理念及哲学将会得到共同的"发酵"。由于华为公司从基层到高层的培养形成这样一个不断收敛的态势，将会逐步挑选出越来越优秀的奋斗者。这将是奋斗者中的精华，形成"金子塔尖"。

对这一培训层次，华为总裁任正非说："在金子塔尖这层人，最主要是抓住方向。自己的视野宽广一些、思想活跃一些，要从'术'上的先进，跨越到'道'上的领路，进而在商业、技术模式上进行创造。我们公司很多高级干部根本不学习公司文件，他们是凭着自己的经验在干活，这样的干部是一定会被淘汰掉的。"（冠良《任正非管理思想大全集》，2011）华为干部若想进一步使自己成长为真正的将军，就需要变身成为企业中的思想领袖和战略领袖。为此，华为公司要求高层干部认真学习公司文件，领会高层管理智慧的精华，与公司建立更紧密的联结。因此，公司规定每一名高级干部，都必须参加华为大学干部高级管理研讨班项目的培训学习，以帮助企业中高级干部实现从"术"向"道"的蜕变。

干部高级管理研讨项目又简称为高研班，被视为是华为公司的"抗大"。高研班主要目的不仅是使学员理解和应用管理干部的制度、政策及管理方法，更重要的是，高研班还组织学员研讨公司管理理念和核心战略，传递华为核心价值观和管理哲学。华大的高研班有一个做法与一般企业大学不同，那就是学费自理，即向每一位参加培训的学员收取2万元学费。高研班学费由学员个人承担，为的是增强每位参训干部的自主学习意识。而且，公司规定，没有经高研班培训的干部，将不予提拔。高研班项目所重点涉及的华为管理方法及核心管理理念，都来源于华为公司的核心价值观，凝聚了华为三十年管理实践中的成功经验及失败教训，这是使干部带领团队成功并保持正确的管理方向的前提

华为"奋斗者协议"

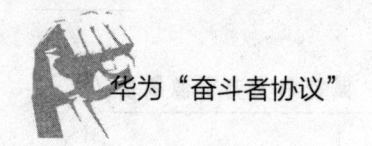

和基础。

迄今为止，每年进入高级管理研讨班学习的学员一般都会达到1000多人。华为公司让干部参加高研班的学习，目的不仅在于促进干部对企业管理方法和核心管理理念的综合运用和深入理解，同时也通过对华为高层的考察和亲自授课，识别可进入华为关键管理职位的优秀干部候选者。这样的培训，还将进一步打造华为奋斗者精神。

让听得见炮声的人来呼唤炮火

华为的人力资源管理制度，具有强大的赋能作用，能有效地催生奋斗者精神，这一人力资源管理体系实战性很强。当然，这种向奋斗者倾斜的制度，也会带来员工之间收入等方面的差距。这既是难免的，也是很有必要的。任正非用"让听得见炮声的人来呼唤炮火"总结了华为公司的人力资源制度，也为这一体系指出了方向。他在公司的一次会议上说：

"未来5~10年，我们将从中央集权式的管理，逐步迈向让听得见炮声的人来呼唤炮火。当前正在进行的管理从以功能部门为中心，转向以项目为中心的过渡试验，就是对这种模式的探索。

若5~10年后，我们能实现管理权力下沉，后方支持的优质服务质量上升，那么我们及时满足客户需求的能力及速度就会增强，我们就能在汹涌澎湃的大流量中存活下来。

为了实现这种目标，我们人力资源的金字塔模型要进行一些改动。在实行分享机制的基础上，我们探索按'多产粮食'来确定薪酬包、奖励，同时对干部在合规运营、网络安全、隐私保护、风险管理等方面要综合评价，并按战略贡献来提拔专家、干部，这样就能不断地自我激励。这种方式，一定会加大

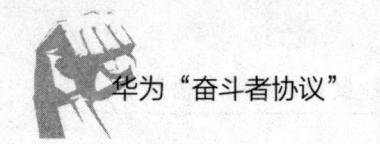

收入的差距，我们要习惯并接受。我们要加强对骨干员工的评价和选拔，使他们能在最佳的角色上、最佳的时间段内，做出最佳的贡献并得到合理的报酬，这些与他们的年龄、资历、学历无关。我们要适应评价的多元化。我们的人力资源在对岗位称重时，要多用几个秤砣，分类应用。

我们要理解做出大贡献的员工，通过分享制，他们要比别人拿到手的多一些，或多得多。工作努力的一般性员工的薪酬也应比社会平均水平高20%~30%，当然工作效率也要高20%~30%。我们要注意发现优秀种子，给他们成长的机会。在互联网时代，学习能力很强大，自己多努力，多践行，努力奋斗的人，总会进步快一些，我们要创造一些机会让他去艰苦地区、艰苦岗位、艰难的项目去放射光芒。华为要做到群贤毕至，充分发挥组织潜力、奋斗者的潜力，就要优先给他们创造实践的机会。要允许相当多的优秀员工快速升级，多担责任。

我们要尊重有经验的各级干部，让他们在流程中发挥重要的骨干作用。但按序排辈、按资历排辈会使一部分优秀员工流失。人的生命是短暂的，我们要让一些优秀人员在最佳时段走上最佳的岗位，做出最大的贡献，激活组织，焕发个人潜力，充满最大能量。各级组织对不善于学习的人，使用要慎之又慎。

我们是赶着牛车创业的，现在是高铁时代了，有些人没有'买'上票，许多人还不能当高铁的'司机'，当我们调薪时，有一部分人降薪就不奇怪了。当然，这还是比过去的艰苦时期挣得多得多了，不要与坐上高铁的人比待遇。每个人都要找到自己合适的岗位，踏踏实实做贡献，使自己在随时代进步的时候不至于落得太远。

让听得到炮声的人来呼唤炮火，一定要大道至简，一定要分层分级授权，使管理标准化、简单化。一定要减少会议、简化考核、减少考试，不能用对待学生的管理方式进行管理，更不能让考试得分影响薪酬。主要精力要集中在产粮食上，按贡献评价人。"（摘自任正非 2015 年 3 月 31 日在"年度市场工作会议"上的讲话）

第七章

股权制度催生奋斗者

华为"奋斗者协议"

以奋斗者的魄力推行股权激励

奋斗者精神必须是一种主人翁精神，而企业的股权激励往往能有力地激发员工的主人翁精神，从而催生奋斗者。所谓股权激励指的是企业推行股权制度，以股权的形式给予员工一定的经济收益和权利，使员工以股东身份参加到企业决策之中，同时，也与企业共同承担风险、分享利润，以此强化工作的持久动力和热情。但是，推行股权制度是需要很大魄力的，实行全员持股尤其如此。华为是国内较早实施全员持股的企业之一，这种全员持股属于股权激励的范围，但更具激励性质，失败的风险也更大。

华为的全员持股，又被称为"工者有其股"，这实际上在当时是一种具有颠覆性的制度创新，也是华为赋能给奋斗者、产生奇迹的原因所在。华为总裁任正非自己就是一名卓越的奋斗者，他曾经谈到华为股权制的产生过程："我创建公司时设计了员工持股制度，通过利益分享，团结起员工。那时我还不懂期权制度，更不知道西方在这方面很发达，仅凭自己过去的人生经历，感悟到要与员工分担责任，分享利益。"（摘自任正非《一江春水向东流》）正如任正非所说，当华为公司1990年第一次提出员工持股、内部融资概念时，还不是那种国际意义上的企业员工持股。因为那时内部持股的华为员工只是享有分红权,还没有享受《公司法》规定的股东其他权利。此外,在员工退出公司时,其所持股份价格是按最初原始价格回购,员工没有享受股东对于股票的溢价权。当然,这些都在未来得到了进一步的完善。但无论从哪一个角度看,华为的这一全员持股制度,都是奋斗者的杰作。

企业实施股权制,乍一看就像是一种巨大的支出,其实从长远来看,这是一种实实在在的收入,尤其是使企业收获了奋斗者精神。实施股权制度的一个关键是勇于付出,与员工分享公司的成长绩效,这也需要有奋斗者的魄力。

公司愿意给予,才可能培养出最有奋斗者精神的团队。华为实行股权制近30年,一直坚持与员工利益共享,每一块饼都是大家一起分,要活大家一起活。也正是这种付出的魄力,才催生出了企业的奋斗者精神。在1993年期间,华为公司曾有一段时间发不出工资,老总就给公司员工打白条。那时,后来的华为董事长孙亚芳,主张给要离职的员工发工资,给继续留下来的员工打白条。当时,总裁任正非对那些留下来的员工,做出慷慨承诺:"如果有一天华为成功了,欠大家的工资一分不少,同时到时候我们自己建最好的员工宿舍,买深圳最好的房子,阳台修得大大的,因为我们那时候钱多怕发霉,可以到阳台晒一晒,宿舍就是今天的百草原,按照三星级酒店标准建设,深圳所有豪宅均有华为员工的身影出现。"(冠良《任正非管理思想大全集》,2011)任正非说到做到,而这正是如今华为成功的真正秘密所在。

还没有上市的时候,华为就把98.6%的股权分配给员工,公司的创办人任正非,却只拥有华为1.42%的股权。员工作为股东,除不能出售股票、拥有股票、进行表决之外,可以享受股票增值和分红的利益。而且,华为公司每年所赚得的净利润,几乎都是100%分配给股东。华为的净利润在2010年达到238亿元,这是企业有史以来的最高峰,配出一股2.98元的股息。如按在华为

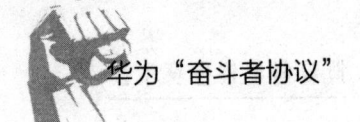

有工龄 10 年、业绩优良的主管计算，个人可配股 40 万股，仅这一年的股利就接近人民币 120 万元。这样的收入，甚至高过许多外资企业的高级经理人。由此可见华为股权激励的力度，肯给才能催生奋斗者。

华为有两种员工，一是老板级员工，二是打工仔员工，都是华为的奋斗者。怎样分辨这两种员工呢？只要看一看员工的薪资账户就清楚了，差别都在薪资待遇方面，一目了然。华为 LTE TDD 产品线副总裁邱恒说："我们不像一般领薪水的打工仔，公司营运好不好，到了年底会感同身受。你拼命的程度，直接反映在薪资收入上。"邱恒 2002 年从日本最大电信运营商 NTTDoCoMo 跳槽到华为，他以自己为例谈到两种员工的差别。2009 年因遭遇了"金融海啸"，造成整体环境不佳，企业的成长幅度不如以前，他的底薪虽没有改变，但分红却大为缩水。到 2010 年，华为公司净利润创下历史的高点，自己的分红就超过此前 1 倍。这样就把员工个人利益与公司的利益紧紧黏在一起。可见，华为是向奋斗者倾斜的。

华为一个外派到非洲的基础工程师，如能帮公司好好服务客户，获得一张订单，他年终获得的股利、配股额度、年终奖金总额等，都会高过一个绩效未达标的、坐办公室的高级主管。以一个普通海外副总监在华为奋斗历程为例，23 岁时被公司任命做一个 8000 万美元的项目的副职，手下管着 20 个人，这算是练手。到 26 岁，得到一个 5 亿美元的交付项目，管着 700 人。又到 31 岁，负责一个年增长率 20%、销售收入达 9 亿美元的国家级市场，手下有 1000 多名跨国员工，这时打交道的都是当地那些部长、银行董事长级别的人物。这样的职业奋斗经历，即使在号称重视员工权益的欧美企业都属罕见。

因华为薪酬制度赋能的特色，即使一个刚入华为的本科"菜鸟"，起薪也会比同业其他企业高。按第一年月薪9000元人民币换算，加年终奖金，年薪至少可达15万人民币，较台湾领2.2万新台币工资的毕业生，多出将近两倍。工作2~3年以后，就具有分红配股资格。在华为有"1+1+1"一说，就是工资、奖金、分红的比例在开始几年是大体相同的。随绩效与年资的增长，奖金与分红所占比例将会大幅度超过工资。

华为"奋斗者协议"

股权激励是一把赋能的连心锁

股权制可以催生奋斗者，但这一制度要想取得成功，需要一种持之以恒、决不放弃的奋斗者精神。否则，股权制度不仅难以产生效果，还会在推行的过程中因面对内外复杂的环境而难以为继。华为这三十年的每一个阶段，都一直坚持实行股权制度。而股权制就像一把连心锁，将华为员工和企业联结在一起，共同奋斗。虽然经历过不少风风雨雨，这条大船还是越造越大，更能抵御风浪。华为的全员持股激发出能量巨大的奋斗者精神。

实际上，全员持股在股权激励中属于风险较大的一种持股形式，但收益也是最显著的。华为推行全员持股，体现出一种敢为天下先的奋斗者精神，使华为股权制成为企业崛起的有力支柱。直至今日，华为依然实行着全员持股的制度。实际上，华为公司的内部股权激励，开始于1990年，期间已采取了多次重大的股权激励行动。还在创业阶段时，华为就进行了股票激励。华为起步于1987年，虽经过数年发展，公司已有了一些起色，但还是无法大规模地进行研发、拓展市场，资金的周转还处在困难之中。正是在这一背景下，华为总裁任正非决定实施内部股权分配及高分红制度。

华为1990年正式实行内部员工持股，用公司15%的税后利润作为股权分红，当时每股 10 元。当时工作超过 1 年的员工均可购买华为股份，购买数量的多少决定于季度绩效、可持续贡献、员工职级或级别（从 13 级到 23 级）等，一般会在年底通知公司员工可购买的股份数量。员工以年度奖金和工资购买公司股份或股权，资金如果不足，公司将协助员工从银行贷款，即个人助业贷款。购买价格为每股 1 元，员工购买股票后的主要收益，来自于公司的分红，收益与公司的净资产不挂钩，但分红情况与公司效益挂钩。当员工离职的时候，华为公司按员工原来的购买价格（每股 1 元）回购股份。

华为在 1995 年和 1996 年曾给员工持股证明，但在其他的年份就没有再给员工开持股证明，员工可从公司查询自己的持股量。工会下面设有持股委员会，代表员工管理所持有的股份。虽然成为公司股东，员工自己并不具有《公司法》规定的股东的完整权利。员工持股的做法，促进了华为创业期的奋斗者精神。

这一时期华为公司采用全员持股的股权制度，给企业带来了三大益处，为打造奋斗者精神打下了基础：

（1）使员工具有归属感。未来的高额回报，向员工展现出与企业共同奋斗的前景。

（2）增强了员工的主人翁意识。由此而来的责任感，也是奋斗者精神所不可缺少的。

（3）减低公司现金流风险。因股权制有内部融资的作用，这种融资无须支付利息，也就减小了财务风险，还不用支付如外部股东的高额分红。

华为全员持股是一种出色的绩效激励办法。这种股权制以利益均沾的方式，将员工的心与公司命运连在一起，赋能给员工，使之成为一名不断前进的奋斗者，提高团队和个人的工作业绩。当然，任何一项好的举措，都会有人提出疑问，这是正常现象。当时也有员工表示怀疑：这些纸面上的数字不知什么时候能够兑现？不过，大家都有同样的清醒意识，如不做出努力，这些数字永远都不会转换成真正的价值。在那个年代，华为员工在主人翁意识和股权制的赋能之下，夜以继日地进行着奋斗，即便住着简易的单间、薪水微薄，也一直保持高昂的奋斗状态。随着华为奋斗者们的不断付出，技术研发走上了新的台阶，市场形势也越来越好，公司财富和员工收入都得到很快的增长。

华为用这一融资方式，有效地增强了员工奋斗精神和归属感，稳定了公司创业团队。在这一阶段，华为完成了先获取农村市场、再占有城市市场的"农村包围城市"的战略任务。华为公司1995年的销售收入达15亿人民币，到1998年，已将市场扩展到国内主要城市。2000年又在瑞典首都斯德哥尔摩成立研发中心，这时海外市场销售额也达1亿美元。到2000年底，华为销售额突破已100亿元大关。

不过，全员持股作为对员工的赋能手段，也不能一成不变，必须随着公司的经营环境变化而进行调整，这样才能有持续的激励作用，带来持续的绩效表现。实际上，企业的经营环境经常会发生变化，必要时赋能激励措施也须做相应调整。而在华为公司，每一次对股权制进行完善都起到给奋斗者精神赋能的作用。

2000年时期的网络经济泡沫，使IT行业受到大面积的打击，华为的融资也空前困难。由于这一年IT泡沫破灭带来的影响，华为迎来自身发展过程中的第一个寒冬。为改善人浮于事的弊端，保证企业充足的现金流，并激励员工的奋斗精神，华为公司开始进行"虚拟受限股"的期权改革。

虚拟股改革是华为在"华为冬天"期间实行的股权赋能改革。这种虚拟股票有着股票的内容和名义，但持有者没有表决权和所有权，股票更多的作用在于赋能、激励和承诺。被授予虚拟股的员工，可以享受一定数量的股价升值权益和分红权。虚拟股票不能出售和转让，在持有人离开公司时自动失效。与此同时，华为公司还出台了一些新的股权措施，以调整股权赋能方式，如：老员工所持股票逐渐向期股转化，新员工不再分配原先1元1股的股票等。而在此时股权制改革措施方面，华为依据业绩评价的结果，开始给员工分配一定额度的期权，期权以4年为期限，每年兑现1/4的收益额度。员工的这一收益，从期股所对应的企业净资产增值部分得到，因此，华为也就相应地取消了固定分红。如果某员工在2001年分得100万股，当年股价为每股1元，从2002年以后，就可逐年用四种方式行使期权。一是兑现差价，如果2002年股价上升到2元，即可获利25万；另外三种行权方式为以每股1元的价格购买股票、放弃（什么都不做）、留滞以后兑现。

从固定股票分红到"虚拟受限股"改革，表明华为公司的激励机制从普惠原则转向重点激励。拉开员工间的收入差距、下调应届毕业生的底薪，都是这种转变的反映。发行虚拟股票，维护和增强了华为管理层对于企业的控制能力，避免了可能出现的一系列管理问题。而所有的这些股权改革措施，都在不同程度上起到了加强员工与企业之间联结的作用。

在"非典"时期，面临困难的华为发起了自愿降薪运动。2003年的时候，仍受泡沫经济影响的华为，又受到"非典"的打击，出口市场大受影响。在这一年，思科公司和华为之间的产权官司，也直接影响到华为的国际市场。华为则以内部运动的形式，号召企业中层以上员工自愿递交"降薪申请"。与此同时，在股权方面进一步加强管理层收购，以稳定员工团队，共度眼前的难关。

比较华为以前各年例行的配股方式，2003年的配股表现出3个明显差别：

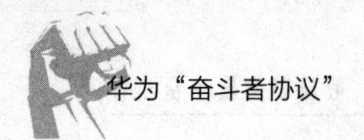

（1）配股的额度很大。这次配股相当于员工已有股票的总和。

（2）兑现的方式不同。以往各年积累的配股，员工即使不离开华为，也可选择每年按一定的比例兑现。一般员工每年兑现比例，最多不超过个人总股本的四分之一；对于那些持股较多的核心员工，每年可兑现的比例不多于十分之一。

（3）股权向核心层倾斜。骨干员工获得的配股额度，大大超过了普通员工。

这一次配股，规定了长达3年的股权锁定期，在3年之内不允许员工兑现。如员工在3年之内离开了公司，其所配的股票就归于无效。同时，华为公司也为促进员工购买虚拟股权采取了若干配套措施。如员工本人只要拿出购买股权所需15%的资金，剩下部分就由公司出面以银行贷款的办法予以解决。自从这次改革之后，华为实现了净利润和销售业绩的迅猛增涨。

经营环境的变化，往往使华为员工更靠近企业，这里既有华为调整股权措施的因素，也反映出奋斗型企业的特质。当2008年美国次贷危机引发的世界性经济危机爆发时，全球经济的发展普遍遭到重大损失。面对这种困难的经济形势，华为公司推出了新一轮的期权激励措施，开始了华为发展历程上的最大规模配股。

华为于2008年12月发布"配股"公告，这次配股的股票价格是每股4.04元，年利率过6%，涉及的范围差不多包括了所有已在华为工作一年以上的员工。这一次配股属于饱和配股，即根据职位级别分配相应的期股额度，不同职位级别配给不同的期股量，如员工职位级别达到13级的持股上限为2万股，14级达到5万股。由于购买或分配数量的不同，就产生了期股收益的波浪线形态。当持股已经达到其级别持股量的上限时，就不再参加配股。大部分在华为总部工作的老员工，因持股已达到其级别的持股量上限，就没有参加这次配股。此前有业内人士分析，华为内部股在2006年时约有20亿股。按此一规模预计，这一次的配股规模约在16亿~17亿股，成为对华为内部员工持股结构的一次大规模改造。此次配股的实施方式与以往类似，如员工没有足够实力直接使用现金向企业购买股票，华为就以公司名义给银行提供担保，帮助员工购买公司股票。

这一次配股，不仅提高了员工的收益，还缓解了公司的资金压力，又使职位等级与期股绩效挂钩，进一步地改善了绩效分配的机制，这就使员工更加努力地奋斗。

华为"奋斗者协议"

利益共同体使奋斗者受益

华为的股权制度使员工与企业结成了利益共同体，不仅如此，华为股权制还伸展到产业链上，结成了更大的利益共同体。这样的利益共同体，又使奋斗者大受其益，这是一个荣辱与共的赋能故事。

那是在1993年1月，华为公司在深圳蛇口小礼堂召开了1992年年终总结大会。当时全体员工只有270人，共同目睹了创始人任正非嗓音沧桑、满脸沉重地流露真情。当会议开始以后，任正非到台上说了一句"我们活下来了"，就双手不断地抹着眼泪，满脸泪痕，再也说不出话。这一场景体现出任正非创业之初经受的挫折与艰辛，但又坚定地走过来了。由此也能看到，当后来他实施全员持股及共赢市场策略时，内心会有多么坚定。他要与企业里所有人利益均享，宁愿让自己仅持1.42%的股份，也要让员工、合作伙伴跟自己一起奋斗，将企业做强做大。华为在1993年时已具备了相当大的成本优势，但还缺少市场规模。如果没有强大的资金作支撑，再明显的成本优势，也难以把市场做大。不能体现规模经济下的成本优势，那就等于没有优势。关键的问题是缺钱，华为1992年的销售收入仅1亿人民币，根本不够用来扩大市场。而且，研发是关键的一环，也迫切需要投进大笔资金。华为面临资金紧张的局面，就是一场生死考验。

在这个时期，国际竞争对手纷纷进入国内市场，用自己的方式扩展着市场，如与当地政府成立合资公司、技术转让、与邮电系统合作等。竞争者启发了任正非，外资既然可以这样做，拥有核心技术的华为，当然也可以这样做。因此，华为延伸自己的股权体系，用广泛吸收股份的方法与全国邮电系统合作，用股权凝聚产业链。

不过，华为并不想只是单纯地吸收资金，企业现在既需要资金的支持，还需要大量的业务往来，因为这意味着广阔的市场。这使华为将目标集中于国内既拥有资金又有市场的邮电系统，华为公司入股、邮电系统出资共同组建了一家新的公司，由华为主导经营。此后，华为与国内21家省会城市的邮电系统联合发起成立了莫贝克公司，这家合资公司注册资金8881万元。借着这一策略，华为公司以股权为纽带，与电信系统的客户之间，结成了市场和资金的紧密联盟。既得到了资金，又获得了市场，华为走出了自身的困境。经由莫贝克渠道，华为生产的交换机快速地以低价进入全国市场，只用了两天时间，就使交换机行业的销售价格从当时的200~300美元/线，大幅滑落到仅80美元/线。邮电系统也因交换机采购价格大幅下降，而将自己的电信业务向国内迅速推广，这样一来，就实现了华为、消费者、邮电系统和全社会的共赢。华为的产业链股权操作取得立竿见影的效果。继莫贝克公司成立之后，华为一年后又与各省邮电局组建了27家合资公司，由此进一步打通了各地市场渠道，共获得5.4亿元的风险投资，为华为公司的大规模研发和高速扩张注入了血液。这种股权运作，堪称打造利益共同体的杰作，既解决了当时华为现金流不畅的回款问题，这样的利益捆绑还可以在企业面临危机时起到舒缓作用。

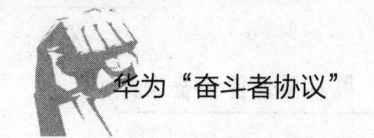

华为股权运作的逻辑非常清楚，重点是打造利益共同体，开拓市场，大家一起赚钱。任正非看到，现代企业之间的竞争，已不是单个企业间的竞争，而是整个供应链的竞争。华为的这条企业供应链，就像一条生态链，供应商、合作者、制造商、客户的利益都被股权纽带联结在一起。只有关注合作者和客户的利益，加强彼此的合作，才能得到共赢的结局，企业才能"活下来"。

这种利益共同体的意识，在华为全员持股中得到更加直接的体现。虽然任正非是华为的创办人，但只持有1.42%股份，98.58%的股份都由员工持有。这样的配股政策必然能逐步培养员工主人翁意识和奋斗者精神，因华为每年利润基本上都分给全体员工，包括股票升值和即时分红。员工既然分享到了企业发展的收益，必然会把企业的事情当作自己的事，作为奋斗者，在公司困难时必能迎难而上，在利益共同体中同舟共济。

实际上，在华为的薪酬和赋能激励体系中，对留住员工影响最大的薪酬组成项还属这种长期激励，即股票的认购。在华为每一财年开始之际，各个部门的高层管理人员，就开始确定新年度中具有认购股票资格的员工名单。这时需要确定的是员工的上年度业绩表现、现岗位工作时间、岗位级别、团队合作度、入职时间、总工作年限及员工总评价等，最后会通过这些维度或标准，确定符合条件的员工，以及他们可购买股票的性质和股权数。当然，华为发放的内部股配额，并不是固定不变的，一般都会实时地根据员工的责任心、能力、工作主动性、风险担当、积极性、付出等因素做出定期的动态调整。

华为的股本结构中，30%的优秀员工可享集体控股，40%骨干员工可按一定比例控股，10%~20%的新入职员工和低级别员工，可视具体情况而适当参股。因此，新进员工（但必须达到一定级别），即入职满一年的员工，就可以享受华为内部职工股权。员工可按自己意愿做出购买、套现、放弃等三种形式的选择。华为公司还提供多种内部股购买形式，除可采用现金购买的方式，这种内部股也可用奖金来认购，还可从公司获取无息贷款购买，也是三项选其一。工作年限较久而业绩较好的员工，股票分红的收入将会比普通员工高，奖金也是如此，都体现出向奋斗者倾斜。如在华为工作5年以上，绩效好的员工，股票收入能达到10万以上。而一般在第二年年终发的年终奖，也可达到10万以上。

以2015年为例，根据华为公司《2015年虚拟受限股分红预通知》的内容，当时每股分红1.95元，升值0.91元，合计2.86元。如按此进行计算，工作5年基本可达到15级，饱和配股（含TUP）9万股，分红加上升值可达2.86元/股×9万股=25.74万元。即便是不饱和配股方式，基本分红也可达到税前20万元。工作10年达17级，配股数普遍超过20万股，税前分红加升值将超过50万元，而23级的虚拟股票超过200万股，税前分红加升值将超过500万元。而近几年的分红增长率，大体上能达到略高于30%。

华为股权赋能分析

华为公司的股权制度是不断创新发展并得到改善的,从而不断地给员工赋能,打造奋斗者精神,使奋斗者不断产生,让奋斗者不断进步。由开始时的员工持股、股权激励,到后来顺应市场环境的自愿降薪、饱和配股,经过30年的跌宕起伏、不断前进,其股权分配制度,充分体现出人才激励作用和赋能机制。华为各期的股权制改革都有其激励奋斗者的特色。

创业期的华为公司,作为一家民营企业,一方面因为企业规模扩大和市场拓展需大量的资金,另一方面也是为了应对激烈竞争的环境,急需大量科研投入,这就导致了资金和融资困难。这时华为选择了以股权制进行内部融资,作为应对资金困难的一个方法。这是因为内部融资不需支付利息,所具有的财务风险或公司现金流风险较低,也不需向外部股东支付较高的回报,还可激发内部员工努力工作的奋斗者精神。这一系列因素,促使华为在1990年第一次提出员工持股、内部融资的概念。

华为的全员持股方式取得了巨大成就。不过,还应看到在一些企业中全员持股并没有成为万灵药。无法兑现,是股权制(尤其全员持股)存在的主要风险,这使华为在推行全员持股后不敢有丝毫的放松。一个奋斗型企业必须信守承诺,因此,华为公司的每年分红,从来都没有出现过爽约的情况,这也让华为奋斗者对企业未来充满信心。信守承诺是企业实施全员持股或股权制的基础,如果没有这个基础,纸面上的高额回报,对员工来说只能是画饼充饥。华为重视给奋斗者精神赋能。全员持股是以长期的绩效目标给员工赋能,避免员工的热情、斗志在日常的工作中被消磨殆尽。

当然,如果不是着眼于长期目标,并给予精神激励,全员持股制度也会失去其激励作用。在华为的日常工作中,公司管理者非常重视对员工进行精神激励,创始人任正非为激励员工,也时常对员工和企业的管理者发表慷慨激昂的积极演说,这就使员工和管理者始终都能以饱满的精神状态投入到工作中,进行不懈的奋斗。

华为初创时期的全员持股这一赋能措施,以满足员工精神需求和物质需求为方向,积极地发挥了员工的奋斗精神和能动性,因而持续、稳定地提高了公司的业绩。但是,股权激励制度随着时间的推移,也会产生一些问题。如果激励的力度不够大,方式存在着不合理的情况,股权激励的成效就会受到很大的限制。而华为最开始进行的股权激励,一般偏向于核心中高层管理和技术人员。随着企业规模的不断扩大,华为对自己的股权制度进行了一系列完善,在稀释大股东股权的同时,扩大员工的持股比例和持股范围。这样,就增加了员工对企业的责任感和奋斗精神,华为也表现出更多奋斗型企业的特质。

华为公司通过多年来不断调整股票分配的方式,维系和促成了整个组织的活力和奋斗者精神。如2001年底,在任正非强力推行下,华为公司实施员工持股改革。新员工不再派发长期不变的每股1元的股票,老员工的股票也逐渐转变为期股,这种"虚拟受限股"制度就比以往产生了更好的赋能作用。到2008年,华为公司又对虚拟股制度进行了微调,实施饱和配股制度,就是规

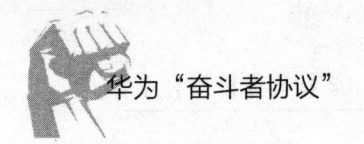

定员工配股的上限，每一级别的员工在达到上限之后，就不再参加新的配股。这一规定使华为手中持股数量很大的老员工，受到了配股限制，这就更有利于为新员工赋能，培育其奋斗者精神。华为的股权制在各个层面上都促进了员工的主人翁意识，这也是以奋斗者精神赋能员工所必需的。在华为公司，由持股员工选出 51 个人作为股东代表，每一名持股员工都有权选举或被选举为股东。又从这 51 名代表之中，选举出 13 人轮流担任董事会成员，选出 5 人作为监事会成员。

华为的股权制改革，不仅能更好地留住人才，还限制了员工离职后可能出现的有损企业的行为。例如华为规定，依据内部评价体系，员工所持虚拟股每年可兑现 1/4，价格按最新每股净资产计算。但对中高层人员的兑现额度，则作出另外的规定：除非本人离职，每年只能兑现 1/10。中高层人员在离职以后，还需受到公司 6 个月的严格审核，确认没有出现加入的新公司产品与华为产品形成同业竞争，未从华为公司内部挖过墙脚等各项条件中的任何一条，股权才可以全额兑现。所以，华为认为，期权或虚拟股比原先的持股方式更加合理。

华为推行员工持股制度，团结、黏合、吸引了大批人才，包括一些国际员工。用任正非的说法，正是这种股权制度，沉淀并促成了以奋斗者为中心、公司利益分享的企业文化。

在每一次经济困难或危机时期，一些企业的人才流失，往往并非是因为裁员，而是当员工对公司未来业绩做出不好预期时，就主动地选择了离职，以便有更多机会寻找到更好的工作。华为公司对员工进行股权制激励，一方面有利于减少员工的流失率，另外一方面也增强了员工的主人翁精神。而股权激励又是建立在将来盈利水平之上的一种激励方式，对于员工和企业都展现了未来的奋斗前景。对于公司，不仅只是实施股权激励制，也需要积极地开拓市场，扩张市场份额，以此保证公司未来稳定的现金流和广阔的发展空间；对于员工，则要努力奋斗，完成公司的经营目标。

华为公司的股权激励经验表明，股权激励制度可以将企业的未来发展与员工人力资本紧密结合起来，形成一个良性循环的系统。员工获得股权，参加企业的分红，将实现员工个人财富和公司资本的双重增值。而与股权激励同步进行的内部融资，还可以缓冲公司现金流紧张的局面，增加公司资本的比例。综合地分析，华为员工持股制度的成功，主要有以下3个方面的原因：

一是持续进行的高分红、高配股。为减少支付现金红利所造成的公司财务压力，华为在每一年员工高额分红的同时，又对员工实行高额配股。这样的作法堪称为一举多得，既避免了因分红而给企业带来的现金压力，又进一步坚定了员工购买和持有股票的信心。

二是华为公司独具特色的企业文化。虽然华为绝大多数员工都会选择用分得的红利进行配股，但仍有少数员工选择领取现金红利或兑现。对于这部分选择兑现的员工，华为同样绝不会拖欠。不过，到了下一年，这些员工看到其他员工又分得了可观的红利，一定会后悔去年的选择。而后果还远非如此，华为公司的企业文化，肯定是以奋斗者为本，奖励那些认同公司价值观的员工。对于那些抱有怀疑态度或不坚定的员工将不会予以重用，这些人在华为的发展前景会相当暗淡。这样的文化环境，有力地支持了华为员工的持股计划。

三是任正非的诚信。股权激励手段的确能够起到保留和激励员工的作用，而且任正非通过对离职的员工信守承诺，也赢得了华为员工的信任，激发了员工的奋斗者精神。

第八章
授权赋能激发奋斗精神

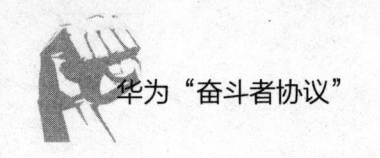

奋斗者需要充分授权

要焕发奋斗者的奋斗精神，就需要充分授权，这是不言而喻的。华为公司在这方面做得比较好，尤其是华为非常重视项目管理，通过项目管理方式实现充分授权。当然，通过适当而充分的授权，给奋斗者赋能，还必须从方法的角度考虑一些具体细节。

授权赋能，就是通过赋予员工权力，激发奋斗者的活力。这一活力的来源就是员工具有的奋斗者精神。授权赋能很重要，一个奋斗型组织，最终要实现的是去组织中心化，自上而下地释放权力，使组织实现扁平化管理，这将释放出员工的自主工作权利，焕发奋斗者精神。

当然，还有一个关键问题，就是放权之后的员工能担责吗？因此，企业中的管理者有可能对放权不放心，担心员工平时做事自己不操心，常使上级不省心，到最后，事情可能还得由上级来干。这些疑虑实际上来自于对放权和授权的误解。如果善于授权，授权的同时还给下属赋能，就不会有这样的问题。很多人强调授权之后要监督、检查，而监督、检查肯定也是应该的，但如果员工的能力不具备，心态也有问题，监督、检查也就没有什么意义。这里有一个关键：授权之后创造绩效的前提是给奋斗者赋能。如果授权的过程中没有赋

第八章 授权赋能激发奋斗精神

能，授权后依然会让上级受累。最根本的就是要懂得给奋斗者精神赋能，通过授权激发员工的奋斗精神。

授权的关键是摆正责任、权力、利益的关系。责任、权力、利益之间是一种相互依赖的关系，要获得利益就需要指明责任、授予权利。责任指的是为了取得结果，执行者所需承担的职责；权力则指为取得结果所需要授予的职权；利益指的是因为有结果和成效，所获得或享有的回报。对于企业中层而言，授权尤其重要。如果一个执行者或战略实施者，只是承担责任，却没有相应权力的话，接下来的很多工作都很难开展。即使是锻炼中层管理者的领导能力，也还是需要适当授权的。如果希望把事情办好，那就更是需要赋予这位中层较多的权力。

如果一位管理者整天百务缠身，经常加班，这就是到了必须授权赋能给下属的时候了。或是某位管理者无暇考虑组织的发展战略，那就应该根据情况将手头的某些工作分配下去。可能有些管理者会说，很难找出可以授权代办的工作，这是因为不相信下属能把工作做好，也怕出了问题自己还是要承担责任。有时因为怕下属失去控制，授权出去后下属"将在外军令有所不受"，管理起来太麻烦。

历史上有一个不授权导致国家衰败的著名例子。诸葛亮是一位很有智慧的人，但他有一件事缺少考虑，那就是不能够授职赋权。据《三国志》的记载："蜀国正事无巨细，亮皆独志之。"诸葛孔明运筹帷幄，决胜千里，但"事必躬亲，鞠躬尽瘁"，以至于在中年过劳早逝，一生劳顿却功名难成。出祁山时，没有可用的人才，只能"蜀中无大将，廖化作先锋"。可能在斩马谡之后心有余悸。后来，蜀国只有靠一个姜维支撑了三、四十年。这也使蜀汉的事业

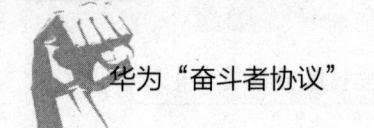

全盘失败。诸葛亮虽然是一位军事和治国的双重良才，但却不是一个奋斗型的管理者。这种事无巨细都要亲自过问的状况，像当今有些企业的累死累活型的老板一样。公司做到几个亿、几十个亿，甚至几百个亿，批500元的费用都需要老板亲自签字，这对企业来说不是一件好事。

企业应该由上而下地释放权力，尤其是释放员工们自主工作的权力，从而通过去中心化的方式驱动企业组织扁平化，最大限度激发出奋斗者的活力和潜能。这是一个赋能的过程，又可称之为赋能授权，由此可以形成奋斗者精神这一强大动力。

授权奋斗者的五个关键要素

赋能授权有3个要点，第一个要点是意愿优先、权责明确。企业的管理者在授权过程中，经常会出现一些误区和困惑，因而不能下定决心。常见的有六大误区：

（1）不相信下属能够尽职尽责。

（2）对下属授权之后，总觉得自己对工作失去了控制。

（3）管理者总是认为什么事都离不开自己。

（4）管理者急于求成，又认为自己能更快、更好地完成工作。

（5）管理者认为把工作授权给下属会减少自己的职权。

（6）管理者觉得下属已经很忙，不忍心再赋予新的任务。

这些思想上和管理方法上的误区，都是必须纠正的，以确立授权的意愿。

最经常发生的情况还是有些管理者喜欢事必躬亲，做事都要体现自己的存在感，认为把工作授权给下属会减少自己的职权。他们相信自己能更快、更好地完成工作。作为成功者确实做事情效率比较高，当然会觉得员工做事不如自己。这种不放权类型的上级，表现出来的另外一面是性子比较急，看别人做工作就觉得慢。但要知道，任何奋斗者的成长，都会有一个过程，还可分为几

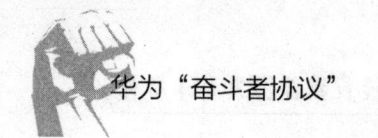

个阶段。这一类上级当然不能赋能，而需要改变自己，建立授权意愿。

在开展授权的过程中，管理者还常出现四大困惑，因而不能对下属授权。这四大困惑包括：

（1）工作繁忙使管理者没有充足的时间来考虑如何细致、有效地授权。因为授权是一个细致的工作，需要掌握背后应该遵循的一些授权方法，还要分析面对的是什么样的情况，如何进行授权。

（2）管理者不相信自己的属下能够准时、高效地完成所布置的任务。管理者认为下属可能对整个工作的进程、节点把握不够，这近似于上文中所说的授权之前的忧虑。

（3）管理者不知道自己该如何进行有效授权，也不知道具体的方法，甚至以前还有过授权失败的经验。就像诸葛亮授权给马谡，之后又挥泪斩马谡。本想把马谡扶持起来，但没想到马谡太张狂、太狂妄，出去以后变得难以指挥了。其实失败的另一个重要原因是诸葛亮没有设计出比较好的监督方案，派去的副官根本监督不了马谡。

（4）管理者之前授权失败，形成经验主义思维。要想成为一个奋斗型的管理者，除了意愿优先，还必须掌握有效授权的方法，实现权责明确。

赋能授权有5个关键要素：评估赋能授权的对象、体察授权对象的需求、以身作则建立责任感、明确核定授权的权限范围、把控赋能造势过程。

奋斗型管理者在授权的过程中，要做的第一个关键步骤，就是评估赋能授权的对象。如果授权出去以后，下属的能力又不具备，那么，员工接下来可能因所负责任而感到压力很大，对完成工作没有信心，最后也没能把事情做好，备受打击。还有一种情况，上级授予的权力和责任，与下属的能力不匹配。下属的能力很强，相比之下完成工作太容易，这就使员工觉得上级对他并不是太信任、太认可。可见，在授权给奋斗者的过程中，评估授权对象是首要的一步。

第二个关键要素是体察授权对象的需求。把权授出去了，责任在谁呢？作为上级，在授权的过程中，要明确一件事，那就是权授出去了，但责任还在管理者的身上。不要将授权变成推卸管理者责任的方式。在企业中还存在着这样一种做事方式，中层管理者授权出去，就认为不关自己的事了。既然上级指示要多授权，自己又按要求授出去了，以后出了问题，责任就在下属和员工。这种想法是不正确的，把权授出去了，责任还在管理者身上。因此，管理者授权时，要去给下属进行奋斗者精神赋能，给予下属相应的资源。这就是说，在做出授予权力的决定时，必须考虑下属是否能凭所授权力调动相应的资源，下属是否能凭此权力调动相关人员，当然，还要随时了解下属工作中存在什么样的问题，并给予相应的支持。

总而言之，在授权的过程中，一定要看一下，下属是否有权力可以调动相应的资源。如赋予下属什么样的人事权力，这一工作是否具备相应的任免权及奖惩权，这对于完成工作任务是很重要的。管理者在授权时，还要看下属是否能够调动具有平等权力的相关人员。接下来就要审视授权的范围，一般都会比该职责既定的权力范围大一些。

第三个关键要素是管理者要以身作则建立责任感。就是前面提到的，虽然把权授出去了，上级自己还是要以身作则，在这个过程中身体力行地去承担自己的责任，给员工做出表率。同时，在这一过程中，要有创造性地给员工提供做事的原则以及工作的方向，帮助员工更好地承担工作的职责。

第四个关键要素是明确核定授权的权限范围。上级把权授出去了，接下来授权的背后对应的是职责，这职责表现在执行的事前、事中、事后。对于这

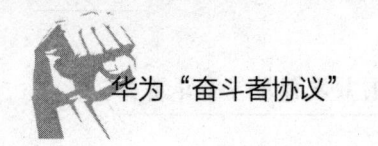

个工作的职责范围，需要管理者来进行把控，明确工作职责的范围与边界。职责一定要界定清楚，以便在工作过程中进行相应的跟踪，随时了解可能会出现的问题，然后予以支持。

第五个关键要素是把控赋能造势过程。为什么讲要赋能造势呢？把权授给了奋斗者，在工作开展的过程中，就可能需要调用相应的人力、物力，然后进行整合，群策群力地实现目标。这个时候管理者就要去造势，让其他的工作伙伴都知道，这个权力现在已经下放给某人了，他们就能够积极地去配合、支持。如公司给人力资源部授权组织文化活动，只是跟这个部门下了指令。当人力资源部组织这些活动的时候，其它部门很可能就不配合，员工也不理解、不支持，最后活动就变成了走形式。因此，上级授权的时候，就需要造势，这也是对进行奋斗者精神赋能。

授权的背后是信任，而授权其实就是授的一份信任。那么，被授权的奋斗者收获的就是一份责任。这就是说，获得一份权力时，就应该承担与这一种工作相关的特定责任，在授权范围内协调工作团队去解决难题，以回报这一份信任。否则，管理者就会非常被动，还得承担员工工作失败的责任，替员工受罚。生活中也一样，步入中年的人如不能取得更大的成就，就只能让长辈和儿女为自己承担责任。本可能有机会给自己的孩子创造更好的学习机会，让孩子拥有一个更好的平台去奋斗成长，但现在却让他们为自己的失败买单。

对不同奋斗者应权变管理

奋斗授权的第二个要点是因人而异、权变领导。管理者要善于根据具体情况，对下属或奋斗者进行权变的赋能引导。执行力更多的是对事而言，要善于面对各种具体的情况。管理则要强调对等，对待不同的下属或员工，管理者要有权变思想，在这个过程中，运用好自己的权力，很好地激发和调动要去组织的人员。

赋能的授权需要因人而异，进行权变领导。这在管理实践中表现为五种方式，即指挥式、批准式、把关式、追踪式、委托式。

指挥式指没有下属的参与，只是下级执行上级命令。这一管理方式又被称为严肃型或严父式的管理，采取的是严肃型的管理方式，直接给予下属指挥性或指令性的工作指导。

批准式则会较多地给下属说明和指导，增加下属执行这项命令的自觉性。由下属自己提出或拟定行动计划和工作方法，但在行动之前都必须得到上司的批准或批复。这一方式被称为教父式的管理。这就是说，对应这一类授权，下属或员工先要把计划和方案拿出来，然后交给管理者去衡量。管理者则要考虑这个员工是否能够很好地承接这个权力，这权力背后对应的是什么职责和

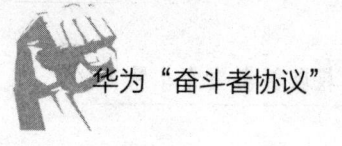

责任。

在把关式授权中，大部分工作由下属做出决定，上司只对整个过程的某个或某几个关键环节把关，以此对整体进行把控。也就是在关键环节上面，下属必须请示上司，获得批准后方可行动。这被称为叔父式的管理。这一类下属相对比较成熟一些，有独立完成工作的执行力和能力，在这种情况下员工可以独立做出一些决策。在整个工作过程中，管理者可能只需定义相应的结算结果，过问相应的关键时间节点和工作完成情况，让下属在工作过程中有针对性地给予反馈。如果有一些新问题发生，就需要得到上级批示以后再行动。在这种授权方式中，下属也在做一些初步的领导工作。

追踪式授权指授予下属"先斩后奏"之权。包括人事权、财务权等在内的所有权力，全部授给下属，下属完全可以自主决定，但是在关键环节和过程中，还需要积极地、及时地向上司反馈和汇报。这被称为父皇式的管理。相对前面几种授权方式来讲，下属的权限更大，当然，能力也要求更强一些。

委托式指上司给下属授予开展工作所需要的全部权力，让下属按照自己的方式行动，充分发挥被授权者的主动性和创造性。上司只关心目标是否按时达成，而不会在工作过程中予以干涉。这被称为岳父式的管理。这一类授权对象，可能就会针对事业部负责人、合伙人级别的人。在这个过程中，下属只需要给上级最终结果。在委托式授权中，有一个很重要的关键需要管理者考虑，那就是文化价值观上是否高度一致。尽管授权对象的能力很强，但更重要的是文化价值观、认同程度是否高度一致。

管理者不仅要敢于授权、愿意授权，还要善于授权。把握管理规律的正确授权能给奋斗者赋能，提高工作的效率，更好地完成工作。反之，就必然会将事情弄得一团糟，只能是事倍功半。因此，管理者在授权时，一定要因人而异，进行权变领导。管理者授权给下属时，应该遵循哪些原则呢？对于如何区分情况以有效授权，《点燃员工的热情》一书的作者孙跃军提出了11项原则，现叙述如下：

（1）视能授权。管理者要力求将权力和责任授予最合适的人来承担。授权前，要对被授权者进行认真的考察，要选择有相应知识、相应能力、守规则的下属授予权力。

（2）责权统一。管理者授权时，必须对被授权人明确其责任和权力范围，使被授权人有相应的的职、权、责。授权时管理者还必须向员工明确交代所授权事项的责任范围、完成标准和权力范围，使他们清楚地知道自己有什么样的权力，有多大的权力，又承担什么样的责任。在一开始，就要让员工明白自己权力、责任的范围和限度。

（3）统一指挥。授权后，管理者还要纵观全局，掌握大方向，对被授权人进行监督、指导。在战略和战略实施的层面，管理者要对整个组织系统实行统一的协调和控制，及时纠正局部存在的问题，确保整体目标的实现。

（4）界定职能。被授权者只能在其职权范围内行使权力，不可以越界。而在其职能范围内遇到问题时，不得推卸责任。管理者对被授权的下属，在工作上不得过多干涉，但要及时予以支持。

（5）区分等级。授权时管理者自己也不可以越界，将不属于自己权力范围内的职权授予员工，也不可越级授权，只能对直接员工授权，否则，就会造成机构混乱、争权夺利的现象。

（6）目标明确。授权本身一定要体现明确的目标。分派职责的同时明确员工要做的工作是什么，需达到的目的和标准是什么，工作达到目标之后应该如何奖励，等等。只有目标明确的授权，才能使员工明确自己所承担的责任，

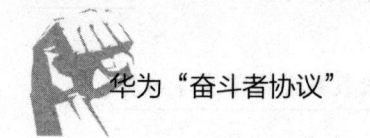

产生有效的执行力,盲目授权必然带来混乱不清。

(7)量力授权。这主要指管理者向员工授权,应当视自己的权力范围和员工的承受力而定。既不可超越自己的权力范围,又不能不顾及员工的承受能力。

(8)授权内容明晰。管理者要确定员工已经了解了授权的内容、任务(包括事情的重要性及急迫程度),并明确告诫员工他们可能会遇到的一些问题(例如机密信息可能难以取得等),还要向员工说明之所以授权的原因和自己对授权工作结果的要求等。这就可以帮助员工全面地了解授权工作的意义,避免员工只是单纯地接受任务。告知员工授权工作内容后,管理者还应该要求员工复述一遍,以确认下属对授权的工作了解到何种程度。不要只是询问员工是否了解,对方点头称是并不代表员工真正了解。有时候成功授权所需花费的时间和精力,不亚于管理者亲自执行,因而管理者必须有这方面的心理准备。

(9)提供支持。例如:告知员工,当遇到难以解决的问题时,可以向谁求助,并且给员工提供所需要的工具或场所。当管理者把自己的工作分配给员工时,当然也要把完成该项工作的权力一起转交。例如:告诉合作对象,自己已授权给某位员工负责分析市场现况,请合作者以后直接协助该名员工的工作。这样,就可以事先为被授权员工的成功铺平道路。此外,还要让员工了解,他们日后还是可以寻求管理者的意见和支持。

(10)定时追踪。成功的授权并非在交代完员工的工作任务时便结束了,还需要定时追踪员工的工作进度,给予员工应得的赞赏与具有建设性的反馈意见,并且,还应不时地表示出关心,必要时提供员工需要的进一步协助和指导。管理者还可以和员工一起设定不同阶段工作的完成期限,评估工作成果的标准,商定双方定期碰面讨论的时间及事项,等等。将这些事项确定下来后,就可以有效地执行、追踪、检讨工作。即使定期的会面只是短短的20分钟，管理者与员工也可以一起检查当初所设定的目标，预防执行任务过程中可能出现的问题。

（11）真正授权。作为一名管理者，应该相信员工能够做出正确决定，要给予员工完成工作任务所需的弹性和自由，一定要避免处处插手。员工是不同于管理者的个体，有自己的思想，所以，不要强求员工会采用和自己一模一样的做事方法或方式。有些时候，已经决定的事情开始有进展时，上级又提出面谈，结果就是一切都要等管理者裁决之后，才能再进入工作过程。口头上放权了，而实际上决定权仍在管理者手里。因而，管理者一定不要干涉工作上的细节，只注重结果和做到有效监督就行了。

华为"奋斗者协议"

用提问激发奋斗者潜能

管理人员要善于提问,这样才能成为一名奋斗型管理者,一般情况下要遵循5个基本的提问法则:

一是管理者要敢于说"我不知道"。这是因为管理者的确不一定知道,或者过去的答案不一定管用,而现在要动员群众发现答案。当然,即使自己知道,也应该说不知道,这样说有许多理由,一个基本理由就是将提问进行下去,这是赋能提问的基本前提。管理者要敢于说"我不知道",如果一上来就说自己已经知道,那接下来当然是没法问了,就按照上级说的去做就好了。许多管理者,都很难赋能于自己的团队,或不太懂得如何去赋能于奋斗者,似乎管理者就是一个百度,所有问题都知道。实际情况肯定不是这样的,所以,对于管理者而言,首先要敢于说不知道。例如,下属来问上级一个财务问题,管理者应该说:"我不知道,但这个问题可能财务总监知道,你可以去问财务总监。"此类技术性问题应该找谁?当然找专业的人。

所以,管理者千万不要在员工前面扮演一个什么都知道的角色。明明不知道,却要对员工说知道,如果不懂装懂,最终只会让自己在员工心目中的权威感和威信都降低。当然,有时候管理者确实是权威,但也要懂得给公司的奋斗者赋能，让下属也成为这方面专家，有机会成为权威。如果刚才说的那个员工去找了财务总监，对总监讲："老板说了您是这方面的专家，这个问题让我来问您。"那这个财务总监的心里一定很高兴，在老板的心目中自己是专家。这就等于间接地给财务总监赋了能。因此，有时候上级可能是这方面的权威，也有可能不是这方面的权威，都不要急于回答问题。尤其当管理者不是这方面权威的时候，就要承认对于这样的问题自己也不一定知道。

管理者还要承认自己所知道的答案"不一定管用"。提出需求金字塔理论的心理学家马斯洛曾经说：如果一个人很擅长用锤子，也只擅长于学习用锤子，那就会把所有的问题当作是钉子。有一个案例，可以使人对马斯洛的这句话有更深刻的体会。在2004年的时候，我们接到了一个万科的项目。这时刚好是万科成立的第二个10年，我们就参加了万科20周年庆典。在周年庆的时候，我们给万科团队的领头人王石提出了一个问题：万科未来十年将如何持续辉煌？王石的回答就是"不知道"。从后来的情形看，当时王石心里面其实是清楚的，但他并没有急于直接给出结论。为什么要这样呢？王石的意思大概是现在的结论不一定管用。用过去20年万科成功的经验，来定义未来的十年，可能使结论显得很失败。过去20年的经验、专业知识、相应的领导技能，这些都是锤子，而未来十年所遇到的问题可能是新的钉子，甚至还可能不再是钉子。这时管理者最好的回答就是不知道。要勇于承认自己的有些经验不一定管用，手上的这把锤子不一定能够应对未来的挑战。

二是善于说"你觉得呢"。为了解决难题，就需要进一步提问；为了动员群众，更需要如此提问。管理者在敢于说"我不知道"的同时，还要善于说"你觉得呢"，说自己不知道，结尾是句号；说"你觉得呢"，结尾用的是问号。这个时候，管理者要激发大家一起来共同参与，一起共同来寻找解决问题的方

法和思路。

中国有一句古话"不耻下问",其前提是要学会谦虚。很多人说不耻下问,那是不耻于向比自己层次低、水平低的人去请教问题。这不是正确的理解。不耻下问就是提问者先要谦虚下来,不是对成绩更好的人谦虚,或仅对水平高、比自己厉害的人谦虚。其实,管理者还要懂得,必须动员群众去解决问题,那就要学会向群众谦虚。而谦虚的目的,不仅仅是要下属或员工出色地去完成工作,还表明自己有自知之明,承认靠管理者个人无法解决这些难题。最好的奋斗方式,就是管理者动员下属或员工来解决难题。在上级提问、群众参与之前,管理者首先要说自己不知道。如果一上来就说知道,在会上一说,群众的回答就都会顺着上级的意思,所有的人接下来都会跟着附和,那么,跟着谈的都是与管理者相一致的观点,可能最终得出来的答案,也不一定真的能有助于公司未来的发展。奋斗型管理者动员群众来发现答案,这是因为管理者最终要赋能给团队,让员工去出色地完成工作任务。一般来说,下属或员工为自己的想法工作,比根据别人的想法做事更加积极。行为经济学里面提到一个很重要的效应,叫作宜家效应。就是一个人去宜家买了家具以后,喜欢自己拼装,拼装完以后,哪怕是扭扭歪歪的,都会感到拼装得不错,并且还向朋友展示。工作过程中的员工也一样,更喜欢去执行自己的"组装想法"。因此,对于问题的答案,管理者要说不知道,即使知道也说不知道。因为员工在执行的过程中,只有照着自己的意愿和想法去进行,才能收获更多的成就感。

这都是很重要的事项,但在日常的管理中常常被忽视。大家总是在强调沟通,却没有看到,有效的沟通首先是来自于对问题很好的、正确的解读。要正确地解读,首先就要正确地提问。例如:一个公司如果某个产品销量不好,作为管理者要做的第一件事情就是提问:销量不好背后的原因是什么?如何培训团队？如何给团队梳理整个流程？如何去设计一个好产品？如何进一步优化产品？如何将这个产品重新再设计一下？接下来就是要找到一个正确的答案，最好让大家都能够参与进来。

三是善于说"为什么""嗯，很好，还有呢""能不能具体说一下""真是太棒了，就按你说的办"。我发现，往往是层次越高的企业家越谦虚、生意做得越大的企业家越谦虚，请教问题的时候甚至谦虚得像个小学生一样。其实，这是真正领导力的体现。他谦虚地向我提问题，我谦虚地给答案。这些优秀的企业家水平高在哪儿？他们每天可能只干一件事情，就是想着如何激发对方去思考，如何向对方提问。然后，接下来按照你想的去给他干。有些人做不了高层主管，做了10多年公司还是一直做不大，因为他们只会干，并且是照着别人说的去干，却不太会思考。因此，奋斗型管理者首先要学会谦虚地提问。谦虚地提出问题，对提问对象有四方面的作用，即思想上有启发、情感上有激励、关系上有促进、行为上有推动。谦虚地提问同时也就是赋能型提问，谦虚地提问可以启发思想，因为管理者一问，下属就开始思考；谦虚地提问激励情感，下属或员工一想，就感觉到管理者的尊重和认同，就是把自己当人看。不会问的管理者，每天都在输出指令，却并没有从人性的角度看待对方，可能还天天讲人性化管理。这当然不会有什么作用；谦虚地提问可以促进双方关系，因为在提问的过程中，员工受到感动，就得到成就感，又感受到了尊重，双方的关系就拉近了；谦虚地提问还可以推动员工行为。可以不断地这样提问："还有呢？""还有呢？""你为什么会这样想呢？"员工的回答可能跟上级的期望有些点差距，这时上级应该问下去，直到获得所要的满意答案。管理者如果觉得有问题，也不要急于去否定对方，可以说："这些都挺好，除了这些之外还有没有其他的方案？"如果下属说着说着说到点子上，上级就应该说："刚才

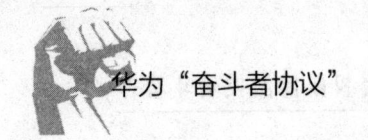

你讲的那条太好了，能不能具体地再说一下？有没有具体的计划？有没有具体措施？除了这个之外有没有第二方案来做补充？"

最后，上级拍拍员工的肩膀说："太棒了，就按你说的办，挺好。"那么，在这样一种情形下，被授权的对象，也就是工作的执行人，其奋斗精神得到赋能，很有成就感，迫切需要继续奋斗。

四是提问要注意为下属提供解决问题的方向和机会，而不是出现了问题以后，就问题本身的责任纠缠不清。在出现问题以后，有许多管理者喜欢站在对错的角度去分析到底是谁的责任。这是很多中层管理者常常选择的做法，就是出现问题以后，跑到员工的面前，用自己的对去证明员工的错，然后，告诉员工：你应该负责任。这样做并不能解决问题，当一个人被人证明错误的时候，不会去负责任。从人性的角度来看，人都喜欢得到他人的肯定和认同，认为自己是对的，而受不了别人说自己错了。

实际上，重要的不是去追究责任，而是应该看到解决这个问题的可能性，给员工一个机会和方向。这就需要创造一个弥补或解决问题的机会，不要再纠结发生这个问题到底谁应该承担责任了。因为对责任的认定本身不能解决问题，接下来应该思考："如何避免此类问题的发生以及如何拿出方案和行动举措？"一个电视访谈类节目做得好，能使观众开心，收视率也很高，这是因为主持人和那些参加访谈的人特别会说吗？当然不是，而是因为主持人特别会问。实际上，这档节目早已设计好，然后在编导的引导下，主持人按照预定的想法去问、去说。有一些明星参加访谈类节目，做的第一件事情就是设定提问的前提：今天不能问这几个问题。例如：在王菲的一档节目里，她提出不能问关于谢霆锋的问题，但可以问她闺女的问题。这样一说，何炅就照着问，她女儿窦靖童就曝光了。

五是提出的问题要能够增强对方的信心、激发对方的潜力。要尽量避免提出打击别人信心和积极性的问题，提出的问题、谈话的信息都不要贬低对方的能力。

管理者提出的问题，必须能够增强对方的信心，并激发对方的潜力，这才是最适宜的提问，能够起到鼓舞人心的作用，也只有通过这样的提问，才能给奋斗者精神赋能。要尽量避免那些打击别人信心的问题。下述问题或结论就可以使人备受打击，带着很大的负能量，必须避免："你今年多大了，这个事情怎么做成这样？""还有呢，你带没带脑子来？""你小学是函授的吧。""小张、小李你俩都是九年制义务教育吧，小张你为啥跟他差距那么大？"。

管理者要通过提问给奋斗者精神赋能，让员工去完成工作。就像安装宜家的柜子，实际上谁来组装都是那一款，但是要让顾客觉得这是自己组装的，是自己想出来的。在工作的事情上也一样，要让员工看到，这是自己跟上级一起想出来的。

第九章

奋斗者人品描绘

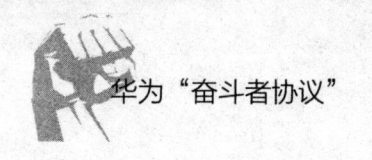

华为奋斗者的七大品格

经过三十年的奋斗，华为奋斗者取得了丰硕的业绩，也使这些奋斗者不断地得到锻炼成长，形成自己独特的奋斗风格，表现出特有的奋斗者的品格。正是这些品格，不断地赋能给奋斗者，规范了奋斗者的前进方向，提高了奋斗绩效，焕发着奋斗者精神。奋斗者知道生命的脉搏，就是敬畏、谨慎、恭敬、素直、精进、广大、包容等品格，一旦失去这些，奋斗者精神也就不再存在，华为大厦可能会在顷刻间倾倒。而华为奋斗者描绘出的奋斗者品格，主要表现在7个方面：

一是始终如一的敬畏。华为奋斗者的心中，有一种始终如一的敬畏，这在很大程度上来自于公司高层的刻意培养。华为在2014年登上世界电信设备商的顶峰，其盈利比后面3名加在一起的总和还要多。当梦寐以求的理想实现在眼前时，任正非反而诚惶诚恐，表现出敬畏之心。从小在逆境中成长的任正非深知，压力和挑战是生命的原动力，那些名誉的东西不过是虚张声势，甚至是通向死亡的路标。在任正非头脑中有时会浮现一幅恐怖的画面：绳索捆绑了自己的天性，使自己循规蹈矩、浑浑噩噩过完一生。因此，任正非有自己灵魂的方向，他在华为的一项重要工作就是唤醒每个人的生命意识，找到奋斗者的灵魂方向。这就是让公司每个人释放出自我超越的天性，如果一味顺着员工喜好，不顾公司整体利益，不顾周边人的感受和利益，实际上就是在纵恶。

在2015年华为公司市场工作会议上，任正非在讲话中表示："华为还担不起世界领袖的重任。"（摘自任正非《大道至简》）就如一句古语说的："势无常也，仁者勿持；势伏凶也，智者不矜。"（《止学》）华为现在登上了行业顶峰，但也意味着需要转型，任正非的领导力在华为这类的大转型中显露无疑。任正非想到，过度自信将会毁了华为。他认为，一旦华为实现了创立之初设定的目标，就会面临着倒下去的危险。为摆脱这种可能出现的局面，任正非想了很多路径和方法，这种潜意识条件反射差不多成了他的特质。这就是奋斗者的敬畏。

二是周详细致的谨慎。瑞典的瓦萨博物馆展示了一艘沉船，这是瑞典瓦萨王朝时期武装程度最高、装备最齐全的战船，全长达69米，双排共有64门舰炮。但这样一艘战舰，建造好以后，离岸10多分钟就沉没了，直到300多年之后才被打捞上岸。华为登上全球行业老大的地位后，任正非对于这一景象更是萦绕于怀。他说："我们要接受瓦萨号战舰沉没的教训。制造战舰的目的是为了作战，任何装饰都是多余的。在变革中，要避免画蛇添足，避免让流程烦琐。变革的目的是围绕为客户创造价值，不能为客户直接和间接创造价值，那些部门都是多余的部门、那些流程是多余的流程、那些人是多余的人。我们要紧紧围绕价值创造，来简化我们的组织与流程。"（摘自任正非《大道至简》）

在今天的知识经济时代，一切都处在不断的变化中。任正非面对着"瓦萨"号沉船，呼唤周详细致的谨慎，如果不是如此，华为奋斗者团队登上老大的位置后，就可能跟不上时代的旋律。实际上，在企业前行过程中，任正非一直都谨慎小心。谨慎也是华为奋斗者的品格。

三是为人处世的恭敬。在华为公司登上行业领军企业之后不久，任正非

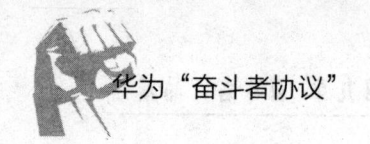

就以忐忑不安的心情,借瓦萨号提醒自己和华为团队,这一奋斗者团队需要保持7种品质,并使这些品质成为根深蒂固的东西,成为一种奋斗者生命的活跃状态。这是一种恭敬合规的态度,即对一言一行、一事一物,都心存敬意。就如到他人家做客,要合乎人家的习惯。合规意识就是一种恭敬心,渗透在行动中就成为各种关系的润滑剂。对公司、对社会而言,合规意识和恭敬心都是重要的。由于任正非的带领作用和多年的熏陶,恭敬成为华为奋斗者的一种品格。

四是做人做事的素直。有一些跟任正非相处过的人,觉得任正非是一个穿着打扮土气、不修边幅的"乡下老农"。如果在大街上见到任正非,很难想到他是华为总裁。华为没有搬到坂田基地之前,在深圳已有了名声,那时任正非在深圳科技园华为用户服务大厦办公,经常会跟普通员工挤在一个电梯里。谁曾想到,就是这样一个看起来极为普通的人,只用了2万元资金就将华为带向了全球顶峰。这就是华为奋斗者的素直,这一品格指的是做人做事不绕弯子的纯粹,意味着与万事万物的机理相通。任正非就非常看重素直,认为素直是胜利的基础,华为凭借素直连通了员工、客户与未来。

在任正非眼里,出人头地者都是得道高人,都有素直的品格。而每个华为奋斗者都有素直之心,都是得道高人。对于华为,素直还有具体含义:一是指坚强、有力的管理团队,此核心群体必须素直,听得进批评的声音;二是有一套严格有序的规则制度,既是素直的,也是进取的。这一规则制度还具有确定性,以确定来应对所有的不确定;三是拥有一个庞大、勤劳、勇敢的奋斗者团队,这个团队的特征之一是素直,也善于学习。

五是历经世事的包容。以往独特的生活环境,使任正非有了一颗柔软的心,不管是喜悦和苦难,还是安稳和恐惧,或者是契机和危险,他都会包容、接纳和觉察。他曾经说:"我们在吸引社会高端人才的同时,更要关注管理者、专家的内生成长,不要看这个看不顺眼,看那个看不顺眼,对做出贡献的员工,要放手让他们发挥作用。要接受有缺陷的完美,没有缺陷,就是假的。"(冠良《任正非管理思想大全集》,2011)任正非曾经对国企保证要好好做,但得不到国企的信任。经历人情冷暖之后,任正非具有了别样的视野,终于明白了:生命力与生命的光环根本是两回事,回归生命力,就是回归初心。这就是包容的精神。

任正非表面的火爆性格、偏执思想,其实是一心想要追求超越,偏执只是表象,真正活在心中的,是不断的回归和平衡。他看到,办企业、做人都不是沿着一条坦途走下去那样简单,就如走钢丝,随时都会有危险。其中,需要的就是包容。任正非并没有照既定模式或套路来走,而是在颤抖、混沌中不断把握平衡和有节律的体验,他以包容之心积累了很多失败经验的教训和成功的尝试。这也是华为奋斗者的包容。

六是包罗万象的广大。广大就是不被功德、私利、名声所浸染,保持奋斗者的心态。当任正非站在行业外面看行业的时候,就有了一种不同的生命自觉:"一定不要使用在高速公路上扔小石子的办法形成自己的独特优势,要像大禹治水一样,胸怀宽广地进行疏导。记住所谓宽轨、窄轨、标准轨的教训,要使信息列车在全球快速、无碍地流动。我们一定要坚信,信息化应是一个全球统一的标准,网络的核心价值是互联互通,信息的核心价值在于有序的流通和共享。而且也不是一两家公司能创造的,必须与全球的优势企业合作来贡献"(编选自任正非《大道至简》)。在这一段话的背后,透出的是华为奋斗者包罗万象的广大。

正如老子说的"江海所以能为百谷王者,以其善下之,故能为百谷王。

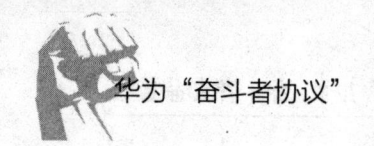

是以圣人欲上民，必以言下之；欲先民，必以身后之。是以圣人处上而民不重，处前而民不害。是以天下乐推而不厌。以其不争，故天下莫能与之争"。同样的道理，任正非有一颗广大的心，可以跳出华为、国家、行业等，看到一个涉及哲学、文化等领域深刻变革的宏观画面。到目前为止，华为可能是全球员工持股最多而老板持股最少的企业。作为华为的创始人，任正非是在企业不断发展壮大的过程中，将自己的股权降到最小，这是很让人佩服的。用如此之少的股权来管理年销售额超过2000亿元的大企业，不得不让人佩服任正非的广大。

七是绝不松懈地精进。任正非时时都在想着精进，也给自己的奋斗者团队注入了这样一种前进的力量。他说："面对着未来网络的变化，我们要持续创新。为世界进步而创新，为价值贡献而创新。创新要有边界，我们要继续发扬针尖战略，用大压强原则，在大数据时代领先突破。要坚持不在非战略机会点消耗太多的战略竞争力量。成功的美国公司，大多数是非常聚焦的。难道他们就不能堆出个蚂蚁包？为什么他们不去堆呢？当前，不是我们超越了时代需求，而是我们赶不上时代需求，尽管我们已经走在队伍的前面，还是不能真正满怀信心地说，我们是可以引领潮流的。但只要我们聚焦力量，就有希望做到不可替代。"（冠良《任正非管理思想大全集》，2011）任正非将勇猛精进和自我超越作为自己的坐标，在企业经营发展过程中，他也把这种精神成功注入到了每个奋斗者的心里。因此，华为奋斗者总是在绝不松懈地精进。

决不放弃的态度

奋斗者都有一种决不放弃的态度。对于奋斗者，这也是一种觉悟：不只是想要成功，而是一定要取得成功。华为在那些年寒冷的"冬天"里，竟然活得如此潇洒，当然不是无缘无故的。在30年的发展历程中，华为一直都坚守坚韧不拔的奋斗精神。这可以说是乌龟精神，那是一只在比赛中胜过兔子的乌龟。从创业之初起，华为一直都像那只乌龟一样有决不放弃的态度，一直都是坚守目标、努力前行。

2013年5月8日的下午，在新西兰首都惠灵顿博物馆酒店，任正非25年来第一次站在媒体面前。多年以来，他从不接受中外媒体的采访，因而被媒体称为"中国最神秘的商人"。一名新西兰记者采访了任正非，记者问："华为是如何成功的？凭什么能够成为行业第一？"他用四个字做出回答："不喝咖啡。"华为奋斗者一直都在努力，将竞争对手用来享受生活的时间都用在了努力奋斗上，紧盯着目标以决不放弃的态度，努力地前行，先逐渐缩短了华为公司与竞争对手的距离，然后这样一路奋斗，赶上或超过了竞争对手。先是争取与竞争对手站在同样的高度，以后前面没有了竞争者，再以后左右也没有并行者。到现在，华为已经与许多竞争者拉开了距离。这就是华为奋斗者多年来决不放弃

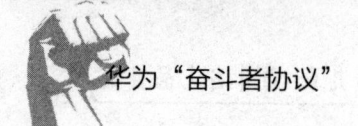

的结果。在这个竞争过程中，决不放弃是华为成功的秘密之一。华为没有通过并购或上市等途径去实现野心的膨胀，而是战胜诱惑、寂寞，以"匠人精神"坚定不移地奋斗，并从坚守中获取力量。

这是一个厚积薄发的奋斗过程，每天不断地积蓄着新力量。有时距离非常遥远、环境非常恶劣，但华为奋斗者总是能跨越和克服。在这一路的前行中，华为重视过程，但也相信结果。华为的奋斗者相信，只要坚持下去，就一定有回报。

决不放弃的精神，还表现为华为对研发持之以恒、不懈的关注。这30年以来，华为公司的研发投入已经累计超过上千亿人民币。早在1996年，任正非就为华为定下了一条铁的规矩：每年都要按销售额的10%提取研发费用，并要不断呈现出增大的趋势。华为没有想着走捷径，没有把这些年挣的钱用来并购，或者通过上市来个大爆发。华为甚至没有拿这些盈利的钱去做房地产。这都是因为奋斗者决不放弃的态度。

华为公司建构了一系列的研究所、研究院，也盖了不少房子。但建筑类专业出身的任正非却没有进军房地产领域，这一跨界成功的概率也非常之大。但华为的决不放弃精神，超越了眼前的利益，将目光转向更长远的增值，专注于打造奋斗者的内在力量。目前，华为每天都会申请8个专利，在2008年、2014年、2015年等年份，华为获得的专利数量都居世界第一。华为在专利数量上获得第一，那是因为他舍得在这一方面进行真金白银的投入。不论身在行业的寒冬，还是在经济看好的温暖春天，华为都一直坚持自己的价值观而决不放弃。

奋斗者的艰难前行，不仅攀越了高山，还渡过了海洋，走向了世界。华为奋斗者围绕客户价值，不断地满足着客户需求，一点一点地积累着自己的价值。现在，这家奋斗型的企业已经发展成为全球市场中的巨人。

一丝不苟的"工匠精神"

华为奋斗者还具有一种一丝不苟的"工匠精神",一生专注做一件事。这是一种精益求精、追求极致的敬业精神。因此,这三十年来,华为堪称引领知识经济时代"工匠精神"的典范,正在用"工匠精神"定义中国制造业。在任正非看来,"工匠精神"不仅是把工作当作赚钱的工具,而是一种执着于工作的态度。"工匠精神"在华为上下之间形成了一种思想与文化上的共同价值观,并由此而催生企业的奋斗者精神。

2015年12月20日,任正非发出一封电子邮件,向华为的高管推荐了一篇文章《日本"工匠精神":一生专注做一事》,用"工匠精神"表明自己的明确态度。任正非在邮件中写到:"我们公司也有'工匠精神',我们从年产几百万,到年产4000亿是怎么过来的,多少辛酸泪。我们要重视技师文化的建设,给他们合理报酬和激励,文员、支付系统的员工……都是一种特殊的技师,我们都要关怀。李建国是工匠第一人,他的任务是要让千万技师、技工成长起来,我们要后继有人。我们质量要百尺竿头更进一步。"任正非推崇日本的"工匠精神",一直认为品质是产品的脸面,只有精致的品质才能树立品牌。在任正非看来,"工匠精神"是一种品质,一种修行,更是一种价值持守。"工

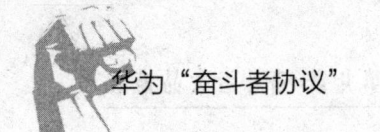

匠精神"做得可能很辛苦，靠的是一种内心的信念，不过，这个过程虽有痛苦，也是一种享受。

到2013年为止，全世界寿命超过200年的企业，日本有3146家，为世界之最，德国837家，荷兰222家，法国196家。长寿企业扎堆在这些国家，尤其日本，那是源于一种精神传统，即"工匠精神"。实际上，工匠不仅做一种机械式重复的工作，在日本，"工匠"意味深长，代表着一种长期延续的气质，与精益求精、踏实坚定相连。日本神户的小工匠冈野信雄，30多年只做修复旧书一件事。在一般人看来，做这事儿实在枯燥无味，而冈野信雄乐此不疲，直至做出奇迹：任何严重污损、破烂不堪的旧书，只要经他的手即可恢复如新。

冈野信雄这样的工匠在日本灿若繁星。许多行业里都存在对工作有着近乎神经质般追求的匠人，使企业获得成功。如日本哈德洛克（Hard Lock）工业株式会社，这家企业生产的螺母"永不松动"。本来螺母松动是很平常的事，但对于有些项目如高速行驶的列车，螺母松动是一件人命关天的事。长时间摩擦、震动，使螺母很容易松动脱落，让满载乘客的列车解体。当年，这家公司的创始人若林克彦，用在螺母中增加榫头的办法做出了不会松动的螺母。但这种螺母的结构比其他同类螺母复杂得多，成本也较高，销售价格比其他螺母高出30%，因此，开始时不被客户认可。不过，若林克彦决不放弃，在公司没有销售时，就兼职去做其他工作维持公司运转。若林克彦苦苦坚持，日本的一些铁路公司也在苦苦寻觅安全的螺母。后来有一家铁路公司认可了哈德洛克螺母，并与之进行合作，随后包括日本第一大铁路公司在内的更多铁路公司采用了这种螺母，并全面应用于日本新干线。若林克彦走到这一步，竟然花了20

年时间。现在哈德洛克螺母已经在全球得到广泛应用，被澳大利亚、中国、英国、波兰、韩国等铁路所采用。哈德洛克公司网页上有一段文字，正是"工匠精神"的写照："小小螺母很不起眼，而且物理结构容易解剖。但即使把图纸给你，其加工技术和各种参数的配合也并不是一般工人能做到的，只有真正专家级工匠才做得出来。"

1998年树研工业生产出世界第一的十万分之一克的齿轮。为完成这种齿轮的量产，他们花费了整整6年时间。到2002年，树研工业又批量生产出重量为百万分之一克的超小齿轮，这种世界上最小最轻的齿轮有5个小齿，直径0.147毫米、宽0.08毫米，被称作"粉末齿轮"。到现在为止，任何行业都完全没有机会使用这种齿轮。但树研工业却投入2亿日元去开发这种还没有实际用途的产品。其实，这背后是一种追求极致完美的"工匠精神"。

华为从创办开始，就强调以质量立命，崇尚的就是这种"工匠精神"，并使这种精神融入到奋斗者精神中。华为手机就体现出"工匠精神"。华为坚持精品路线，对手机产品的每一款设计、每一个细节、每一个模具、每一道工序、每一个零件都精心雕琢。华为以"工匠精神"对制造的一丝不苟，对质量的精益求精，使华为手机在不长的几年内就畅销世界、誉满全球，位居世界手机行业前三强。

2016年4月，华为公司在伦敦发布了世界首部配置徕卡镜头的双摄像头手机，即华为P9。有一位P9用户在微博上写到："华为P9能把两个摄像头做到没有凸起而且流畅、美观，难度非常大，绝大多数公司难以实现。"多数普通消费者或许难以想到，这款由"超人"扮演者亨利·卡维尔和好莱坞明星斯嘉丽·约翰逊代言的手机，包含上千种一级原料和800多个元器件，涉及数百

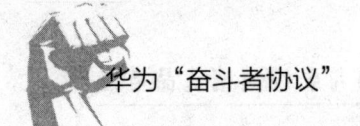

个供应商,仅一个高端摄像头需胶水点胶的点就牵涉到 40 多个元器件。为确保产品质量,华为一直同整个供应链合作,不断提高产业链各环节产品的质量。在每一环节上下功夫,以精益求精的精神建立质量管理系统。

当然,这对华为是最大的挑战。华为联合整个产业链上的供应商一起把质量做好,主张优质优价,拒绝低质低价。如供应商产品质量好,获利高,就愿用更高的价格购买其器件,这使华为将质量管理体系渗透到供应商的系统中。曾有用户向华为反馈某款华为手机充电线特别容易断,调查后发现,这是因为有一家供应商为降低成本,减少使用某些微量成分。此后,华为开发和购置了一些先进检测设备以发现单个模块、单个器件等潜在的不良产品,以杜绝隐患。华为还在终端生产过程建立多个控制点,针对供应链收集产品质量信息,进行统计和分析。又根据这些数据建立 KPI 指标体系,全面监控物料、研发、客户、生产等各环节,分析绩效表现,识别改进机会,并建起全面领先的管理体系,从流程、产品、体系等方面对供应商进行筛选认证,通过持续监控和定期评价,选出优秀供应商。

对此,任正非说:"现代制造业更需要'工匠精神',才能在长期竞争中获得成功。时代在变,这个时代,企业只有把产品做到极致,才能赢得行业领先和消费者信赖。仅仅是'过得去'的产品是远远不够的,中国制造要'走出去',归根结底还是要靠过硬的品质。"(冠良《任正非管理思想大全集》,2011)

30 多年来,华为始终坚持"以客户为中心"的核心价值观,崇尚"工匠精神",努力追求用户对产品的极致体验,因而进入全球市场,并在欧美等市场站稳了脚跟。这种饱含"工匠精神"的奋斗者精神经受住了市场考验。华为奋斗者具有一颗"匠心",如任正非所说"世界再嘈杂,匠人的内心,绝对是安静、安定的。在这个互联网时代，我们很多企业一味高呼拥抱创新，有时候却忘记了'创旧'的必要前提，旧东西做不好做不精，何言创新？股市涨跌，人心浮动，其中不乏'工业4.0''互联网+'等概念股。但必须指出的是，振兴中国经济，没有匠人精神，所谓创新只是空中楼阁、无本之木。迎接工业自动化、互联网革命、产业升级换代，不能忘本，本立而道生"。（冠良《任正非管理思想大全集》，2011）简言之，这个时代需要"工匠精神"，要以一种精细、谨慎的态度做人做事。

中国制造业如要崛起，就需要华为奋斗者那种脚踏实地的"匠心"，在这个知识经济的新时代，需要一种"拙朴"，真正制造出经得起挑剔的好产品。任正非曾经如此描述华为奋斗者的"工匠精神"："华为没那么伟大，华为的成功也没什么秘密！华为为什么成功，华为就是最典型的阿甘，阿甘就一个字'傻'！阿甘精神就是目标坚定、专注执着、默默奉献、埋头苦干。华为就是阿甘，认准方向朝着目标，傻干、傻付出、傻投入。我们想华为人对'傻'的坚持，就是追求极致的'工匠精神'。在华为人看来，华为它不仅仅是一个品牌，而是华为人的一种态度和信仰，'匠人精神'是一种信仰。"（冠良《任正非管理思想大全集》，2011）

华为"奋斗者协议"

奋斗者是负责任的人

奋斗者是负责任的人，也都是勇于担当的人，同时又是以务实为本的人。有这样一个实例：

一位名叫吉埃斯的美国记者，在东京某商店购买唱片机，营业员热情地为她挑了一台尚未启封的机子。可是，当这位记者返回住处时却发现，唱片机根本就无法使用，因为没装内部机件。吉埃斯对此非常生气，当即写了一篇题为《笑脸背后的真面目》的新闻稿。

第二天早上，吉埃斯刚刚起床，就听到了敲门的声音，原来是昨天那家商店的总经理和营业员。两人一走进客厅就连声向吉埃斯道歉。看到对方竟是来找自己的，吉埃斯一时感到非常惊讶。原来那天下午营业员清点商品时，发现有一个空心样机卖给了顾客。上报后，总经理很重视此事，立刻与有关人员商议对策。他们仅有顾客名字和顾客留下的美国快递公司名片两条线索可循，这家百货公司就根据这些模糊信息，开始了搜索行动，这无异于大海捞针。他们向东京各大酒店询问，却没有得到任何结果，又打电话到美国快递公司总部，查到顾客父母在美国的电话，然后，打电话到美国，得到顾客婆婆家的电话号码，这才知道吉埃斯的住处。这期间经过许多的周折，一共打了35个紧急电话。向吉埃斯解释之后，总经理将一台完好的唱机并附唱片一张、蛋糕一盒交给她，再次致歉后离去。这位记者非常感动，立刻将新闻稿的题目变成了《35个紧急电话》。这家百货公司的做法，生动地解释了什么是负责任。而华为的奋斗者也是这样做的，他们也有同样的责任意识。华为在这方面一直走在前列，其奋斗精神并不只是体现在战略优势上，而是通过许多基层员工或奋斗者的责任担当，不断地奋斗。华为奋斗者的担当精神和责任感使华为快速前进。

莎士比亚说："忠诚你的所爱，你就会得到忠诚的爱。"华为非常重视员工敬业和负责任的精神，这尤其表现在对客户的态度上。知识经济的时代，各行各业的知识和技术都在不断更新，这更需要一种负责任的精神，尤其需要一种对工作和客户保持不变的"不抛弃，不放弃"的负责态度，这当然也是奋斗者精神的体现。

负责任的态度是以脚踏实地的精神为基础的，即使务虚的工作也要脚踏实地。有一名华为新员工入职不久，就针对企业的经营战略问题，潇洒地写了一万多字的文章，并经由部门领导交到任正非手上。任正非看完后，写了一个批复："此人如果有精神病，建议送医院治疗；如果没病，建议辞退。"这件事在公司内外广为流传，反映了任正非的一个管理理念："小改进大奖励，大建议只鼓励。"在他眼里，奋斗者最重要的是先做好本职工作，而不应该把主要精力放在做天下大事、构思宏伟蓝图上，否则，奋斗者的奋斗就变成空中楼阁。尤其新员工对公司还缺乏了解，更应该把主要精力放在自己的本职工作上。因此，奋斗型企业需要务实，要注意引导员工树立务实的思想。

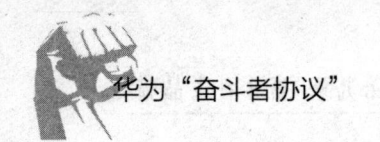

相对于"大建议",任正非一直认为,"小改进"对企业发展尤其重要。他将"小改进大奖励"看作华为公司一项长远战略,鼓励华为员工从自身做起,不断地从小的方面改进现有工作,提升华为核心竞争力。"小改进"也是一种创新,而创新是一个长期的过程,企业核心竞争力也是一个不断得到提升的过程。如每一名员工都在工作中减少一点错误或失误,将订单处理速度加快一些,整个业务运行速度就会随之而提高,实际上,这更有利于核心竞争力的提高。坚持"小改进大奖励",不仅能让员工从奋斗中得到能力的提高,这还有利于华为获得整体进步。而且,任正非还要求员工关注"小改进"时,不要把过多精力放在"大奖励"上,因为华为奋斗者平台设定了任职资格考评体系,让奋斗的员工每一次"小改进"都能向更高任职资格迈进一步。只要在做好本职工作的基础上"小改进",按华为考评体系执行,就会获得与奋斗者相符的优厚奖励。

任正非还强调,员工"小改进"一定要以提高企业核心竞争力为目的,否则,会使"小改进"目标变得不清晰,甚至被引入歧途。

在阐述对"小改进"的要求时,任正非使用了一个形象的比喻:"比如,我们现在要到北京,可以从成都去,也可以从上海去,但是最短的行程应该是从武汉过去。强调提高公司核心竞争力是永恒的发展方向,将'小改进'改来改去,只顾自己改,可能无法对周边产生积极作用,改了半天,公司的整个核心竞争力却没有得到提高。如此,会让'小改进'陷入一场无明确大目标的游戏,而不是一个真正增创客户价值的活动。因此,在小改进过程中,要不断瞄准提高企业核心竞争力这个大方向。"(冠良《任正非管理思想大全集》,2011)

这就是说,坚持"小改进",将有利于提高各级奋斗者的素质,确保和提高华为的奋斗者精神，从而提高企业的核心竞争力。为进一步强调"小改进"的重要性，华为还将"小改进大奖励"与"从实践中选拔管理者"紧密结合，作为选拔华为管理者的重要标准，也进一步使员工树立起"小改进"的意识。反之，如果一味鼓励员工参与战略决策或提"大建议"，必然会影响公司战略的稳定性，这就会使公司变为墙头草，也就难以具备足够强大的核心竞争力了。

当然，在这务实的基础上，还需要有专人务虚，制订切实的发展战略。华为公司内部建立了务实和务虚两班人马，主要还是务实，基层更是全部从事务实的工作，仅少数高管才从事务虚工作。务虚包括四项工作：一是挑选和评议管理者，二是树立企业发展目标，三是进行监督控制，四是制订各种措施。华为的务虚是开放的务虚，实行的是委员会民主决策制度。务实则是对务虚确定的目标，坚决地奋斗并使之实现。在任正非看来，公司只有"虚实结合"，才能保持奋斗者精神，从而确保公司持续稳定的发展。

第十章

奋斗者精神带来巨大活力

华为"奋斗者协议"

奋斗者的创新活力

华为的研发人员堪称奋斗者精神的典型，除华为的薪酬和激励制度催生奋斗者之外，这在很大程度上也得益于华为总裁任正非善于给研发人员赋能，他的赋能本领甚至成为其人格特质的一部分。任正非尤其注重为研发人员树立刻苦献身的榜样，这是他赋能的落脚点。讲故事则是他赋能的方式，通过这一个个故事，向员工传递着奋斗理念，使人充满斗志地投入到项目中，也激发了奋斗者的创新活力。

从创业初期开始，任正非就以其过人的赋能特长，成为华为员工奋斗、创新的思想领袖和精神导师。他告诉这个创业公司的奋斗者：二十年后，世界通信市场三分天下，华为必居其一。当时华为的 200 名员工，大多数人都觉得他是在痴人说梦。即使这样，许多年来，任正非一直重复着这个故事。在纪念华为成立五周年的时候，任正非到厨房与厨师们一起给员工做饭。突然，他冲出厨房，对着员工们大声说："到 20 年以后，世界通信市场的三分天下，华为必有其一。"此时，这一宣告感动了在场的华为员工。为了学习国外企业的研发经验，创业初期任正非就访问了一些海外研发机构。1997 年圣诞节，任正非访问了美国包括 IBM 在内的一批著名高科技公司，他在贝尔实验室的所见所闻使他大受震撼,因为他第一次近距离地、清晰地看到了华为与国际巨头之间的差距,贝尔实验室的工作成果使任正非感动得落泪。访问贝尔实验室使他斗志大增,他认为华为一定要学习美国公司的奋斗精神、创新精神及管理精神。回国后,他告诉员工,他"已经深深地爱上了贝尔实验室"。这对研发员工产生了赋能作用,使他们坚信:自己终有一天能超过贝尔实验室的研究人员。

此事揭开了一场持续5年之久的变革序幕。华为进入了全面学习西方经验、提高内部管理水平、反思自身的阶段。

任正非告诉华为的奋斗者:"这次访美我们重在学习管理。学习一个小公司向规模化转变,是怎么走出混沌的。要真正培养一批人,需要数十年理论与基础的探索,至少在心理素质上就关山重重,任重道远。还不知有无人愿意在这如火如荼的时代甘坐十年冷板凳,并且要冒一生心血不成功的'懊悔'风险……科学的入口真正是地狱的入口,进去了的人才真正体会得到。基础研究的痛苦是成功了没人理解,甚至被曲解、被误解,像饿死的梵高一样,死后画卖到几千万美元一幅。当我看到贝尔科学家的实验室密如蛛网,混乱不堪,不由得对这些勇士肃然起敬。华为不知是否会产生这样的勇士。"(摘自任正非《我们向美国人民学习什么》)任正非看到,最关键的还是奋斗者精神。

华为要在中国再造一个"贝尔实验室",任正非此后的做法,在很大程度上借鉴了贝尔实验室的经验。他想在华为不断打造奋斗者精神,由此而激发创新活力。

为打造自身的研发实力,华为每年都招纳大量的技术研发人员。2012年华为通过公开招聘、猎头公司、校园招聘等多种形式,聘用大批技术型人才。这一次招聘包括各类工程师:变频器工程师、光伏开发工程师、核心网产品技术支持

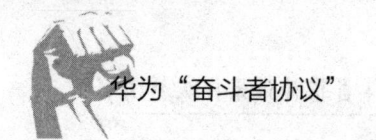

工程师、功率半导体模块硬件电路设计工程师、网络技术工程师专家、视频监控工程师、数通接入网传送网技术支持工程师、通信机房智能楼宇工程师、无线PS工程师、软件开发交付工程师、软件工程师（终端产品线）、安全设计测试工程师、UPS开发工程师、无线技术支持工程师（工程师及高级工程师）、核心网技术高级工程师等。华为强调将工程师打造为"工程商人"，这样的人才可以将技术转化为市场需要的东西。当然，每一名"工程商人"都是奋斗者。

华为每年都引入许多技术人才，从中培养出大批"工程商人"。在任正非看来，这些"工程商人"全身心投入到各项研发工作中，甘坐十年冷板凳，即使不成功也不"懊悔"，是真正的勇士和奋斗者。

当然，研发高科技产品，有时候是一种从无到有的创新，需要大量的经费投入。任正非通过研发与市场销售挂钩来解决这一问题，给研发创新指出了一个方向。他因此修订《华为基本法》，修订后的基本法第26条规定："顾客价值观的演变趋势引导着我们的产品方向。我们的产品开发遵循在自主开发的基础上广泛开放合作的原则。在选择研究开发项目时，敢于打破常规，走别人没有走过的路。我们要善于利用有节制的混沌状态，寻求对未知领域研究的突破；要完善竞争性的理性选择程序，确保开发过程的成功。我们保证按销售额的10%拨付研发经费，有必要且可能时还将加大拨付的比例。"这就使产品研发通过"工程商人"与市场结合起来，由此焕发出奋斗者的创新活力。

任正非作为一位企业经营者和思想导师，不断通过传递公司愿景，给员工赋能，引领员工朝着目标奋斗，他给华为造就了一大批研发奋斗者和创新者。

许多世界级企业都注重创新。如西门子将"创新文化"作为自己的首要战略，认为这种创新文化不仅包括产品研发的创新，还包括团队精神、员工激

第十章 奋斗者精神带来巨大活力

励、创新氛围等因素。华为公司也同样崇尚创新，并形成了自己的创新观点，提出"不创新是华为最大的风险"。的确，企业需要创新，奋斗型企业尤其需要创新，而奋斗者精神也带来创新活力。

作为一家奋斗型企业，华为从上到下都树立了一种创新意识，从公司高层到研发总部，再到公司的中层、基层，都在不断地倡导创新和营造这种创新氛围，在这一环境里，研发人员可以摆脱思想限制或束缚，放开思路大胆创新、设计。任正非说："没有创新，要在高科技行业中生存下去几乎是不可能的。在这个领域，没有喘息的机会，哪怕只落后一点点，就意味着逐渐死亡。"（冠良《任正非管理思想大全集》，2011）技术创新被看作是决定企业生死存亡的生命线。华为研究院的墙上标语也写着："新产品在我们手中，质量在我们手中，企业美好的明天在我们手中。"华为公司的创新活力是其成功的一个关键，还间接为国家节约了数百亿的采购成本。因为华为等一批国内通信公司的成长，大批国产先进通信产品的问世，使得西方企业改善服务大幅降价。当时，仅移动蜂窝设备就从每载频5万美元降到1.5万美元。

从成立之初，华为就将自己研发的焦点，锁定在通信核心网络技术的开发和研究上，决心拥有企业自己的核心技术和自主知识产权。这样才能在高科技行业的通信领域，以奋斗者的精神与强大的竞争对手竞争，并赢得市场的支持。我们来看华为走过的三十年创新历程：

1993年，华为成立基础研究部，专门研发华为通信设备所需专用集成电路（ASIC）。大量ASIC芯片的推出，不仅构筑了硬件方面的核心技术基础，还大大降低产品成本。

1996年，任正非提出著名的"压强原则"，持续、大规模地投入科研，强调集中精力突破一点，使华为部分产品达到世界先进水平，局部处于领先地位，以获得市场支持。

2009年，任正非提出"深淘滩，低作堰"。深淘滩就是要多挖掘一些内部潜力，确保对核心竞争力的更大投入，保证对未来的投入，即使在金融危机时期也不动摇。低作堰指不因短期目标而牺牲长期目标，多为客户创造长期价值，多一些输出。

2010年，华为新年伊始即发布了下一个十年通信行业的趋势展望。华为认为，在电信渗透率饱和时代将要来临之际，"超越人口，发展用户""超越语音，发展业务""超越管道，发掘价值""超越行业，发展行业"这四个超越，有助于运营商突破"人口、语音、管道、行业"等天花板，将电信行业带到新高度，同时还预计，移动宽带、物联网、家庭网络、云计算这四类创新技术，能帮助运营商实现四个超越。

持续而坚定的研发高投入，为华为产品核心竞争力和技术优势奠定了坚实的基础。从1993年起，华为坚持以每年超过销售额10%的比例投入到技术研发中。在通信行业转型发展的下一个十年里，作为奋斗型企业，华为还会一如既往地以奋斗者精神进行产品创新、技术创新、架构创新、业务创新，并制订面向未来的Single网络战略，支撑业务增长，引领整个行业持续发展。

按早期的国际惯例，卖设备给运营商采用的都是代理商模式。但华为以创新活力改变了当年国内的营销模式，由代理模式走向直销。实际上，这也是被逼出来的。因问题频出、产品反应差，企业必须贴近客户，才能够提高服务质量。

有这样一个事例：有一次，华为的交换机销售到湖南，结果一到冬天，设备就容易断电。为找出原因，售后人员将故障设备拉回深圳，夜以继日地琢磨问题出在哪，后来发现设备外壳上有一种不明动物的尿。他们也在设备上撒一泡尿，但没发现问题，接着又冥想苦思。第二天有人提出："不对，某某昨天撒尿前喝了水，人也年轻，找一个年龄大的同事，几个小时别喝水，再撒泡尿试试看。"结果撒完尿，刚插上电源就断电了。因而确定，尿液里的成分引起断电。冬天湖南老鼠在屋内乱窜，在设备上撒尿导致断电。工程师就针对这一问题，进行产品改造，使问题得到解决。这就是产品微创新，也反映出华为奋斗者的创新活力。华为从一家小公司成长为让全球客户信赖的大企业，其中有一个原因，就是这种30年不间断的、大量的、贴近客户的微创新。这构成了华为和竞争对手的重大区别。

产品的微创新，实际上是企业发展和竞争过程中，一种以消费者需求为导向的方法论。由于在满足用户体验的关键点上实现了单点突破，华为获得了市场爆发性的增长。这种渐进式创新方式有如下形式和特点：

（1）在产品外观上注入新的审美元素。这就使华为产品的创新超越了科技范畴，得到向精神层面的提升。由于产品在审美情趣上带给客户愉悦，满足了客户的心理需求，还引发了消费者的普遍共鸣，获得了良好的市场反馈。

（2）使产品设计更加人性化。为增加对消费者的亲和力，华为在微创新过程中呈现出人性化趋势，关注细节，并在产品创新中兼顾安全性和社会性。

（3）在原产品上增加新功能或功能组合。随着生活水平的提高，消费者对产品的要求从单一功能转向多功能。尤其是电子产品，通过增加多种附加功能，就可用一种产品代替多种产品。华为在产品中增加全新附加功能或功能组合，就产生了独特的消费者体验。

（4）根据市场需求寻求技术上的小突破。微创新强调着眼于市场需求，在某一微小的点上寻求技术突破，或对已有技术另辟蹊径地进行创新性应用。

面对市场采取有力行动

奋斗者的目光必须紧盯住客户,才能够对市场做出灵活的反应,使奋斗者的奋斗落到实处。华为"以客户为中心,以奋斗者为本"的核心价值,充分说明了这二者之间密不可分的关系。如果不是奋斗者,就无法取得市场绩效;反之,如果不紧盯客户,奋斗者将会一无所获,这就不是真正的奋斗。

在 2010 年的一次会议上,任正非说:"在华为,坚决提拔那些眼睛盯着客户、屁股对着老板的员工;坚决淘汰那些眼睛盯着老板、屁股对着客户的管理者。前者是公司价值的创造者,后者是谋取个人私利的奴才。"这就是华为著名的"眼睛盯着客户,屁股对着老板"原则,这一原则让华为公司面对市场时具有灵活的反应。有一次在深圳飞往北京的航班上,60 多岁的任正非坐在头等舱最后一排,阅读着一本书。三个小时后,飞机在首都机场降落,任正非起身从行李架上取下行李,快步融入川流不息的客流中,没有前呼后拥,没有迎来送往。其实,这是任正非工作的常态。每次到国内某地出差或度假,他都不会通知所在地的公司负责人,下飞机后会独自乘出租车直奔酒店或开会地点。华为的高管基本上都是如此。这是为了强调客户而不是领导的中心地位,只有如此,奋斗者的奋斗才不会偏离方向,才能使华为公司获取稳定的市场优势。

因此，任正非多次提醒华为员工："企业上下弥漫着一种风气，崇尚领导，忽视客户；管理团队的权力太大，很少关注客户；向上级汇报的胶片多姿多彩，领导出差安排得如此精细，还有多少心思用在客户上？你们要脑袋对着客户，屁股对着领导。不要为了迎接领导，像疯子一样，从上到下地忙着做胶片……不要以为领导喜欢你就能升官，如果那样我们的战斗力会削弱。"（冠良《任正非管理思想大全集》，2011）

这一"眼睛盯着客户，屁股对着老板"的态度，也是华为奋斗者精神的体现。从这样一种核心的奋斗原则，华为又产生出一系列针对市场的有效做法。

华为在市场竞争中采取"压强原则"，这是奋斗者在市场中获胜的一个要点。任正非用坦克和钉子的比喻说明这一原则：坦克重达几十吨，却可以在沙漠中行驶，原因就在于宽阔的履带分散了加在单位面积上的重量；钉子质量虽小，却可以穿透硬物，是因为它将冲击力集中在小小的尖上，二者的差别就在于后者的压强更大。这就是说，将有限资源集中在一点，在配置强度上远超竞争对手，重点突破，然后迅速扩大战果，最终达到全面领先。凭借"压强原则"，华为突破了万门数字程控交换机，又突破了 GSM 全套移动通信设备，还突破了光网络设备，差不多每一个重大产品，华为都是这样突破的。随着公司规模的不断扩大，华为在资源的配置上，仍然贯彻着"压强原则"。

压强战略促使华为不断加大人力资源投入，扩充奋斗者的队伍。1995 年取得万门数字程控交换机的入网许可证后，华为开始大规模超前引进人才的行动。1995 年末企业人数为 1200 人，2007 年达到 75000 人，而人员增长势头不减，其中研发人员占到 48%。与此同时，受 2001 年 IT 泡沫破灭打击，全球跨国通信网络设备巨头相继大幅裁员，2006 年几次跨国大规模重组又引起进一步裁员，这使仅存的诺基亚、爱立信、朗讯等几家国际通信网络设备供应商，企业人数目前都在七八万的水平。华为尤其在高素质人力资源规模上已与这些跨国企业并驾齐驱。相应的，华为在另一个战略方向上收缩战线，剥离掉与通信核心网络设备不相关的业务，这也是实施"压强原则"所必需的。而通信核心网络技术，一直是华为压强战略的重点，奋斗者在此点上决不松懈。任正非说："华为从创建到现在，实际上只做了一件事，即义无反顾、持之以恒地专注于通信核心网络技术的研究，始终不为其他机会所诱惑。而且即便在核心网络技术中，也在通过开放合作不断剥离不太核心的部分。"

当然，有人质疑这一做法的风险大，认为这是"把所有的鸡蛋放在一个篮子里"，认为华为的成功有偶然性。实际上，虽然通信网络核心设备包括庞大的业务和产品组合，都在一个篮子里，但市场组合却有许多个篮子，分布在世界各地，国家千差万别，其中，又有运营商及大量企业客户。运用压强战略，华为以业务聚集、市场广阔的优势，在配置强度上超过竞争对手，有效地增强了突破力，分散了风险。由此以奋斗者的风采，取得市场竞争的胜利。

华为的技术研发也是以市场为导向的，反对将研发体系僵化、教条化。任正非说：华为的战斗队形是可变化的，市场变了，客户需求变了，就可扁平一些；而在攻克新技术时，可让队形变得尖一些，增大压强，通过新技术获得更多市场；当新技术的引导作用减弱时，就要使队形更扁平化，多做一些有客户现实需求但技术不一定很难的产品。

如前所述，华为的研发结构调整，完全以商业为导向，并不是以技术为导向。而在具体的实施上，华为使用IPD方式（Integrated Product Development，集成产品开发）进行产品研发。IPD思想来源于美国PRTM公司出版的《产品及生命周期优化法》一书，经 IBM 的实践，已成为一套先进的产品开发理念、模式及方法。IPD 强调以市场和客户需求作为产品开发的驱动力，在产品设计中构建产品质量、成本、可制造性和可服务性等方面的优势，尤其重要的是，IPD 将产品开发作为一项投资来管理。研发的每个重要阶段都要从商业角度进行评估，而不只从技术角度，以确保产品投资回报的实现，尽可能减少投资失败的损失。2000 年，华为向 IBM 支付数千万美元咨询费，学习 IPD。在一次管理者大会上，任正非说："不学习 IPD、不支持 IPD 的管理者，都给我下岗。"这体现了华为以市场为导向进行研发的决心，这也使奋斗者的每一次市场行动都是强有力的。

华为以奋斗者精神进行市场前期拓展时，与各地用户组建了许多合资公司。如 1998 年与铁通成立北方华为；又如，与当地电信管理局或政府成立各地分公司，包括上海华为、成都华为、沈阳华为、安徽华为等。这些合资公司有当地运营商和政府的股份，年分红比例高达投资额的 60% 到 70%。而当地运营商和政府投资给合资公司的钱，甚至可由华为先出，这就维护了长期客户关系，促进了华为的销售，还保证了回款。华为还注重打造从基层到高层的关系网络，以开拓市场，体现出"以客户为中心"的精神，做好这一工作，同样需要奋斗者精神。这使华为与各地用户建立了密不可分的关系网络，囊括了高层和执行层。

华为的这些做法，都是"以客户为中心"这一核心价值的具体体现。实际上，许多公司或企业都提出了这样的宗旨，甚至在表达方式上都有惊人的一致。不过，这一看似很普通的价值原则，到了华为奋斗者手中，就有了很不一样的表现，不仅具有应对市场变化所必需的灵活性，还促成了有力的市场行动，使奋斗者依靠奋斗者精神建构了惊人的市场业绩。

华为"奋斗者协议"

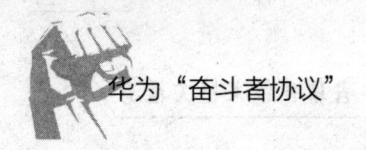

开阔的国际视野

华为的国际视野也是以奋斗者精神为基础的,由此而扩展华为的国际市场,这是奋斗者以国际客户为中心的奋斗。有一次任正非给到华为取经的欧洲某大型电信企业高管上课,题目就是"以客户为中心,以奋斗者为本,长期坚持艰苦奋斗"。

早在20世纪90年代中期,任正非在规划《华为基本法》时就明确提出,以一位奋斗者的胸怀,把华为打造成一个国际化公司。任正非经常对华为的奋斗者宣讲这一理念:"为了不被狮子吃掉,山羊必须跑得比狮子快;为了不饿肚子,狮子必须比山羊跑得更快。"这就是说,华为给自己定下双重角色:在国内市场做"狮子"、在国际市场做"山羊"。这双重角色进一步推进了奋斗者精神。数年之后,华为已在国内处于领先地位,扎实的产业根基为其开拓海外市场、创国际品牌打下了良好基础。

其实,真正的奋斗者都是善于合作的。华为在进军国际市场之际,一直都在跟全球同行携手合作,包括定点生产(OEM)、代理、合资公司等方式,不仅通过合作实现共赢,也通过合作实现自身的高质量成长,还可使用国外企业在国际市场上的渠道优势,大幅降低进军发达国家及发展中国家的难度,加快了开拓国际市场的速度,充分发挥出本地化战略的优势。

华为的奋斗者精神中还蕴含了东方古老的智慧。例如,与美国 3Com 公司的合作。华为以低端数通技术占股 51%,3Com 出资 1.65 亿美元(占股 49%),可将研发中心转移到中国,从而降低成本。而华为使用 3Com 世界级的网络营销渠道来销售华为的数通产品,大幅度提高了产品销售量,二者可以优势互补共赢。又如 2016 年 1 月,华为与波兰波兹南超算中心 (PSNC) 合作,成立联合创新中心,在云存储、高性能计算 (HPC)、大数据等领域进行联合研究。同月,华为与印尼通信部在雅加达成立 ICT 创新中心,该平台主要为印尼本地提供行业创意平台和资源,进行通信技术人才培养,共同推动和完善行业法规。同年 3 月,华为公司与马耳他政府建立联合创新中心,致力于安全城市解决方案的研究,帮助公共管理部门应对安全威胁,方案整合了数据传输、警报系统、警力调度、视频监控、交通管理等技术。这些合作更凸显了奋斗者开阔的国际视野。

奋斗者的精神,为华为公司的国际化发展带来了丰硕成果。2004 年 2 月,华为总部接到雅典奥运会承办方电话,请华为公司为即将召开的奥运会提供全套 GSM 设备系统,并表示立即支付 900 万美元的订金。这是华为国际战略取得成功的一个标志性事件。2004 年 3 月 25 日,华为在英国设立欧洲地区总部,这是华为走向国际化的一个重要标志。

同年 7 月 28 日,华为以思科诉华为案为契机,受到全球的瞩目,在全球市场上获得了合法身份。当时,华为研发、生产、销售在全世界已悄悄布下 50 多个办事处,海外员工达 3000 多人,全球客户涉及国内外 80 多个运营商。此后,华为在海外市场的业绩逐年上升。2013 年,华为营业收入超过爱立信,成为全球最大的通信设备供应商。这时华为已成为该行业的全球引领者。2014

年5月7日，在巴黎塞纳河畔，华为发布了年度最重磅的旗舰机P7。华为表示，P7的目标销售量是超过1000万台。值得玩味的是P7的价格，中国市场售价2888元，全球其他市场售价449欧元。这一定价一经公布，许多手机业界人士纷纷佩服华为的勇气。因为在过去几年靠价格战迅速累积起巨大规模的中国手机行业，2000元以上的市场一直是厂商的心头之痛。但打价格战，最终只能让企业消失。P7敢作敢为，还因为华为的品牌已经在全球做起来了。到2014年，华为70%左右的销售收入来自海外，全球共拥有15万员工，为170多个国家和地区提供服务。

华为不仅重视发达国家市场，也以奋斗者的精神出现在发展中国家。缅甸华为终端国家主管接受缅甸MWD电视台采访时说：华为在2014年里取得优秀成绩，约50%的手机市场份额力压三星、苹果等厂商，全缅甸范围内建成5家旗舰店，30家品牌店，300家华为合作零售店面，有近2000家零售覆盖。华为还结合当地消费者的习惯，重点选择路演、产品发布、明星代言、大学奖学金赞助、世界杯播放赞助、缅甸小姐赞助等一系列品牌宣传活动，有力地扩大了华为在当地的知名度、品牌影响力及品牌形象。华为还在仰光建立了由5个服务维修点、2家服务专营店、33个接机点组成的三层级维修网络，也创建了服务邮箱、Facebook等多种渠道及时受理用户咨询及投诉。一家华为长期合作的零售店面店主现场接受MWD电视台采访时说：顾客喜爱华为品牌，最受欢迎的机型有G620、Holy、Honor 4X等，华为旗舰机型Mate7、G7也是主打机型，店主表示对华为有信心，将更努力地销售华为中高端机型。

华为品牌逐渐得到了国际市场认可，其销售额不断地快速增长。华为公司海外销售额1999年达5亿美元，2001年达32亿美元，2002年陡升为55亿美元。2016 年，华为发布 2015 年年报，全球销售收入 3950 亿，海外收入占到 58%。而华为的价格优势，对国际业界巨头产生了巨大冲击。与国外其他厂商相比，华为有一些极为明显的优势，构成了其强大的竞争力。这当然与奋斗者精神有密切相关，主要表现在以下方面：

（1）华为每年技术研发资金投入不少于销售额的 10%，并坚持在自主开发基础上进行开放合作。如华为 WCDMA 技术的研发资金累计已达 40 多亿人民币，研发人员达 3500 多人。研究这一技术的研究所分布国内外，国内有北京、上海、深圳、南京、成都、西安六大研究所，海外有位于瑞典、美国硅谷、达拉斯、印度、俄罗斯的五家研究所。

（2）华为产品在价格上极具优势。华为网络接入产品的美国价格不到思科同等性能产品的一半，华为的价格也比日本本土厂商低 10%。

（3）在华为"不同的只是价格"的原则下，产品质量是华为开拓国际市场的另一决定性因素。华为从 1997 年开始系统引入世界级管理咨询公司，建立了与国际接轨的基于 IT 的管理体系，还与 IBM 公司、Hay Group、PWC 等公司展开深入合作，涉及集成供应链 (ISC)、集成产品开发 (IPD)、质量控制、人力资源管理、财务管理等方面。这些都使产品质量大为提高。

（4）"以客户为中心"的意识深入到华为奋斗者心里。在华为，到处都能看到"聚焦客户、诚实守信"的标语。华为客户研究部门员工的身影，出现在世界各地，倾听客户声音，与客户交流，并将客户需求反馈到研发部门，使产品不断改进，打造出符合客户需要的优质产品。

（5）华为还凭借快捷周到的客户服务、特有的技术、完善的解决方案，得到了海外市场的良好反应，产生了良好的经济和社会效益。当然，这都是以奋斗者精神为支撑的。

华为"奋斗者协议"

（6）华为的渠道处于良性运作中。随着业务的发展，华为摸索出一整套成熟的渠道运作方式，包括行业拓展、渠道管理、分销拓展等。华为面向全球的渠道体系支撑着世界40多个国家和地区的营销网络，使产品在这些国家和地区的市场份额和销量不断上升。

共同奋斗产生"核能量"

华为是一个奋斗者共同奋斗的企业,这一奋斗团队不仅包括全公司各部门,还会包括公司的合作者。这多方面的密切联系、相互促进,使企业和员工个人以及合作者结成利益共同体,这就必然会产生出巨大的经济和社会效益。其结果不能以加法计算,而应该以乘法计算,有时候还可以用指数计算。成立于1987年7月的华为公司,迄今已走过30年历程,在竞争激烈的全球通信网络设备市场中,成为一家跨国经营、具国际竞争力的中国公司,跻身于世界通信网络设备巨头行列。这一业绩,引起了全球管理学界、企业界、经济学界等多方面的关注。这样的奋斗结果,堪称"核能量"的爆发。

任正非对新员工说:"相信我们将跨入世界优秀企业的行列,会在世界通信舞台上,占据一个重要的位置。我们的历史使命,要求所有的员工必须坚持团结协作,走集体奋斗的道路。没有这种平台,您的聪明才智是很难发挥并有所成就的。因此,没有责任心,不善于合作,不能集体奋斗的人,等于丧失了在华为进步的机会。那样您会空耗宝贵的光阴,还不如在试用期中,重新决定您的选择。"(摘自任正非《致新员工的一封信》)这就揭示出对华为奋斗者而言,团结协作、共同奋斗是极为重要的,这也是成功的保证。共同奋斗包括下

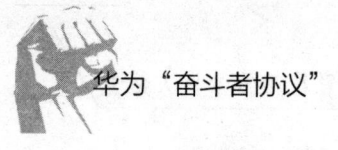

述 4 个要素：

一是奋斗者还需踏踏实实地做好本职工作，这是对共同奋斗的最好贡献。任正非强调："每个员工都要用绝大部分精力学好自己的专业，学好技术，学好业务。业精于勤，这是你服务与进步的重要工具。学习企业文化就是使你的重要工具发挥较大的作用。华为不存在空头理论家，文化要落实在奉献上，没有本领就无法实现奉献。"（冠良《任正非管理思想大全集》，2011）没有本领做好本职工作的人就无法团结协作，共同奋斗。

二是应该有效、积极地求助于他人。任正非指出："公司管理是一个矩阵系统，运作起来就是一个求助网。希望你们成为这个大系统中一个开放的子系统，积极、有效地求助于他人，这样您就能充分地利用公司资源，您就能借助别人提供的基础，吸取别人的经验，很快进入角色，很快进步。求助没有什么不光彩的，做不好事才不光彩。求助是参与群体奋斗的最好形式。"（摘自任正非《致新团队成员书》）奋斗者也需要求助于人，这既是一个不断成长的过程，也是一个共同奋斗的过程。

三是有能力、有余力，就去为他人排忧解难，帮助他人。这与上面的要素紧密相联，帮助其他人也是奋斗者的本色，尤其是帮助其他奋斗者。在帮助他人的过程中，自己常常能学到很多东西，这是一种更好的学习，也是一种使自己在奋斗的道路上进步的过程。

四是谨慎而不是轻率地提出系统化建议。任正非曾说："要有系统、有分析地提出您的建议，您是一个有文化者，草率的提议，对您是不负责任，也浪费了别人的时间。特别是新来者，不要上车伊始，动不动就哇啦哇啦叫。要深入、透彻地分析，找出一个环节的问题，找到解决的办法，踏踏实实地一点一点地去做，不要哗众取宠。"（冠良《任正非管理思想大全集》，2011）只有经过仔细思考的系统化建议，才会是有益的，才不会造成负面的干扰。任何一个提出建议的奋斗者，都要有一种有效帮助他人的意识。这样就使奋斗团队更加稳固。

华为公司奉行利益共同体原则，这将使顾客、员工与合作者都满意，也都得到赋能。这里的合作者，在含义上是广泛的，包括与公司利害相关的金融机构、供应商、外协厂家、人才培养机构、研究机构等，甚至一些竞争对手也是合作者，都进入到同一个利益共同体中。任正非曾说："坚持'力出一孔，利出一孔'，下一个倒下的就不会是华为。"这就是说，奋斗者要同心同德，就必然会形成一个利益共同体。

共同奋斗的另一种表达是"胜则举杯相庆，败则拼死相救"。这一特点在华为接待客户的水平就能反映出来，而华为接待客户的水平堪称世界一流。有一次，杭州某地市局副局长带领4人到深圳基地参观，华为立刻从不同部门抽调人员，组建了20人的团队，直接为他们提供了全过程的有序服务，可分成几个步骤看。第一步，杭州办事处的秘书填写了客户接待电子流，由办事处会计申请了出差备用金。第二步，深圳的客户工程部接待人员打电话到杭州办事处，核实和修改电子流中的行程安排，安排专门司机和接待人员到机场接机、安排住宿。同时，系统部职员及时打电话与销售人员确认高层接待事宜，并负责安排高管接待。第三步，公司某总监接待参观人员，在就餐处打出电子屏幕："欢迎某某局长一行。"饭后，由公司另一总监在公司会议室向客户统一介绍华为的产品战略。紧接着，带领客户到公司产品展示厅，由不同展厅负责人员分别讲解移动产品、宽带产品、传输产品等。然后，由生产部人员带领客户参观生产部。之后，回到会议室，各职能部门总监介绍华为企业文化、公司前景、产品研发、财务管理等。最后，公司副总裁与客户洽谈，再由客户工程部

华为"奋斗者协议"

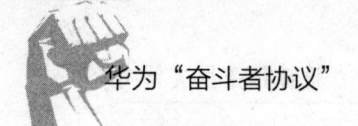

到机场送行。从华为的接待工作可见,对客户的服务已形成一个系统,几乎所有相关部门都会参与进来,形成团结协作的态势。这一种管理模式是矩阵式的,要求企业内部各职能部门相互配合,通过互助网络,对所有问题都做出迅速反应。华为内部有这样一个规定,从签合同到实际供货,须在四天内完成。销售人员在相互配合方面效率之高,让客户惊叹,使对手惊心。这就是一种奋斗者精神。

任正非曾说:"华为的企业文化,是建立在国家优良传统文化基础上的企业文化,这个企业文化黏合全体员工团结合作,走群体奋斗的道路。有了这个平台,你的聪明才智方能很好发挥,并有所成就。没有责任心,不善于合作,不能群体奋斗的人,等于丧失了在华为进步的机会。"(摘自任正非《致新员工的一封信》)华为赞赏奋斗者,但厌恶个人英雄主义,因为这与奋斗者精神背道而驰。

在当今知识经济时代,技术和产品的复杂性,尤其要求高技术企业的高度团结合作,许多难关只有依靠奋斗者团结协作才能攻克。华为的共同奋斗精神在此发挥了重要作用。

后记：
克服艰险、再创辉煌

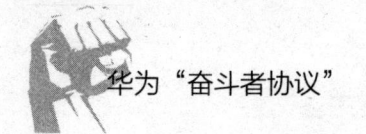

从 2018 年开始，由于国际经贸形势发生重大变化，华为奋斗者也面临着一系列的重大挑战。这就使人回想起 21 世纪之初的那个互联网寒冬。在那个时候，华为总裁任正非预先写下《华为的冬天》一文，给华为奋斗者敲响了警钟。实际上，这也为当时的整个业界敲响了警钟，因此，这篇文章在当时广为流传，产生很大的积极影响。

说到底，《华为的冬天》阐发的还是奋斗者精神，靠着这种精神，华为公司不仅做好充分准备，度过了当年艰难的严冬，还在以后的岁月中取得了惊人的业绩。这使全世界都为之震惊，这样的业绩，只有真正的奋斗者才能够打造出来。奋斗者精神的一个重要方面，就是在成绩面前保持清醒的头脑，在不绝于耳的赞誉面前看到未来一定还会有艰难险阻。而面对未来可能出现的挑战，以奋斗者的智慧和严谨，早早做好预备。当危机出现时就能轻易地予以处理，从而战胜危机，获得胜利。这就是奋斗者应有的风范。

在这次贸易战的凶险处境下，华为公司面临着芯片和操作系统断供的危机。面对这样的两大挑战，换了任何一家高科技公司，都一定会轰然倒塌、不复存在。不过，面对新的形势和新的寒冬，华为奋斗者却一如既往地做好了准备。

面对芯片断供的危机，任正非的回答非常冷静，他表示：华为公司"从未做过任何触犯法律的事情"，美国供应商不向华为提供芯片"也好""我们已经为此做好准备了"，即使高通公司等美国供应商不卖芯片给华为，也不会有问题。华为老总任正非还说："我们不会在美国的要求下改变我们的管理层，也不会接受监管。"

实际上，早在多年之前，华为奋斗者就做出了一个极限生存假设：预估未来某一天，所有美国先进技术和芯片将不可获得。因此，华为一直通过下属的海思半导体推进独立的研发，其中包括极其关键的芯片技术，这就是备胎策略。2019年5月17日，华为子公司深圳海思的何庭波总裁群发邮件表示：面对打压，华为公司将启用多年来自主研发的芯片"备胎"，实现"科技自立"；而海思的任务就是为华为生存打造"备胎"，这次挑战使"我们曾经打造的所有备胎，一夜之间全部'转正'"，将能确保大多数华为产品的稳定供应。

实际上，华为是较早自行设计手机处理器的厂商之一，过去已经有一些华为智能手机使用了海思麒麟810芯片处理器。而且，从去年开始，华为公司就在提前准备库存以应对今年的挑战，在核心部件上已经有半年至一年的备货。

可见，近期的这些事件不会拖住华为奋斗者前进的脚步。即使面对各种困难，华为公司还是会向前发展，推出有竞争力的产品，并取得令人瞩目的业绩。

对于操作系统可能出现的严重危机，华为奋斗者同样是从容面对。在2019年6月26日世界移动通信大会（MWC）上海展会上，华为轮值董事长胡厚崑说：华为公司坚定支持安卓系统，以后也依然希望继续建设安卓生态；不过，如果万不得已需要自立门户来搭建生态，那华为便会拿出自己研发的系统，即鸿蒙系统。

鸿蒙系统（Hongmeng、OSHomonOS、HMOS或华为鸿蒙OS）一般指华为开发的自有操作系统。这一开发工作在2012年已经开始规划。据国家知识产权局商标局网站的资料显示，华为公司已申请"华为鸿蒙"商标，申请日是2018年8月24日，注册公告日是2019年5月14日，专用权限期从2019年5月14日到2029年5月13日。据媒体报导，某教授领导华为操作系统团队开发了这一自主产权操作系统。这一系统是面对下一代技术而设计的，可以兼容全部安卓应用的所有 Web 应用。如果安卓应用进行重新编译，在鸿蒙操作系统上的运行性能将提高 60% 以上。在华为公司与谷歌的合作受到阻碍后，华为海外销售的智能手机将不能使用谷歌提供的各种服务，即便目前有应对办法，从长远发展的角度而言，主动权并不掌握在华为手中。因此，为避免以后发生类似情况引起严重问题，华为公司必须建立一套自己的体系，将主动权掌握在自己的手中。鸿蒙系统就扮演着应付各种未知情况的保险角色。

据华为常务董事余承东所说：鸿蒙系统不只是应用在手机上，还是华为体系下打通平板、电视、汽车、智能手机等多设备的应用平台。当然，智能手机贸然更换系统，需面对各种风险，如消费者的学习成本、应用软件适配等，所以更换系统需要循序渐进。因此，在现阶段，华为仍是安卓的坚定支持者，但长远来看，华为使用鸿蒙系统可能只是一个时间问题。

华为奋斗者在面临各种挑战时，也并不只是被动地应对，奋斗者精神使他们常常具有一些强有力的先手，在关键的领域具有优势地位。多年以来，华为奋斗者毫不松懈地注重技术开发和基础研究，每年以销售额的 10%~15% 投入研发，近十年来累计近 5000 亿元。而 2018 年的研发支出高达 1015 亿元，在全世界排名第五，超过英特尔和苹果公司，这使华为在不少技术领域处于领先地位。如在 5G 技术方面，华为奋斗者就已经成为全球领跑者。

未来的十年将是 5G 时代。华为携手运营商、合作伙伴，曾在数十个垂直行业探索了 5G 的应用，表明目前 5G 的应用领域相当广泛，如智能医疗、智能电网、智慧教育、智能工厂、城市安防、智能农业、无人机、智慧新媒体、智能网联汽车等。5G 网络技术具有相当高的可靠性和极低时延，可以让远程医疗和无人驾驶变成现实。不过，这两项应用都与人的生命强烈相关，还需反复验证和探索，但最终必会落实。随着 5G 网络在全世界的部署，更多合作方的参与，5G行业应用的前景将会越来越广泛和清晰。

早在2009年华为就已投入对5G的研究，迄今在5G标准上已大幅领先其他厂商，提供了16000多个5G标准体验，主导了60%以上的标准制订和5G众多关键特性的制订。当3GPP-5G的第一个关键版本R15在2017年底完成标准化时，华为就贡献了许多技术创新。这表明华为在许多关键的5G技术上处于领先地位。华为公司的5G专利在全球排名第一，占比高于20%，拥有2570项5G基本专利。华为的研发能力超强，也就形成最全的5G产品系列。

华为在5G领域奋斗近十年，成为这一领域当之无愧的领航者。英国电信的首席架构师Neil McRae曾公开表示："现在只有一家真正的5G供应商，那就是华为，其他供应商应该向华为学习。"而在2019年5月30日，华为与英国电信一起正式启动当地5G网络商用。不少欧洲运营商的CEO和CTO都看到华为5G技术的先进性，他们都在媒体上表示：如果离开华为公司，欧洲5G网络商用会推迟2~3年。因此，目前华为已获得50个5G商用合同，其中26个来自欧洲，10余个来自中东，其他的主要来自韩国等亚太区国家。现在华为的5G基站发货量已超过15万站，这一数字每日都在增加。实际上，华为在5G技术领域取得的杰出成就，都来自于奋斗者精神，都是奋斗者通过持续奋斗结出的果实。

任正非曾经说过："华为没有任何可依赖的外部资源，唯有靠全体员工勤奋努力与持续艰苦奋斗，不断清除影响我们内部保持活力和创新机制的东西，才能在激烈的国际化竞争中存活下去。历史和现实都告诉我们，全球市场竞争实质上就是和平时期的战争，在激烈竞争中任何企业都不可能常胜，行业变迁也常常是翻云覆雨，多少世界级公司为了活下去不得不忍痛裁员，有些已在途中消失在历史风雨中。前路茫茫充满变数，非常不确定，公司没法保证自己

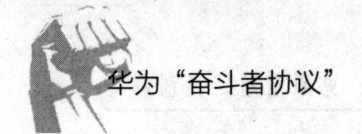

能长期生存下去,因此不可能承诺保证员工一辈子,也不可能容忍懒人,因为这样就是对奋斗者、贡献者的不公平,这样对奋斗者和贡献者就不是激励而是抑制。幸福不会从天降,只能靠劳动来创造,唯有艰苦奋斗才可能让我们的未来有希望,除此之外,别无他途。"(见《关于近期公司人力资源变革的情况通告》,任正非2007年的一次讲话)

华为是奋斗者的团队,甚至在多年之前就看到了未来的危机,又从消极和积极两方面做出了持续的、充分的预备。可见,作为一个奋斗者的团队,华为的地位实际上是无法撼动的。对于华为来说,寒冬终将过去,春天必然来到。

附录一：
任正非简介

华为"奋斗者协议"

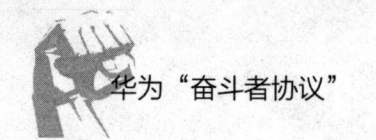

任正非，1944年10月25日出生在贵州省安顺市镇宁县一个贫困山区的小村庄，世界知名的黄果树大瀑布就在那里。他的祖籍在浙江省浦江县黄宅镇，民族是汉族。任正非小学就读于贵州山区的少数民族县城，高中就读于贵州省黔南布依族苗族自治州都匀市都匀一中。父亲任摩逊、母亲程远昭，都是乡村中学教师。

任正非虽出生于农村，却生在知识分子的家庭，这一家庭背景成为他一生中第一个决定性因素。因中国知识分子对知识的追求和重视，即便在三年自然灾害时期，任的父母仍坚持省吃俭用让孩子读书，完成学业。当时任氏兄妹7人，任正非是长子，加上父母，全家共有9人，全家人的生活都要靠父母微薄的工资维持。这时家里每餐实行严格的分饭制，以保证全家人都能活下去。任正非上高中时经常饿得发慌，只能靠米糠来充饥。那时家里两三人合用一床被子，破旧的床单下面铺着稻草。任正非高中三年的理想只是吃上一个白面馒头，可见，他青少年时代是在怎样的贫困中度过的。

不过，生活的磨难和艰辛，打造了任正非坚定和隐忍的奋斗者个性。多年以后，他感慨地说："我能真正理解活下去这句话的含义！"

1963年，任正非不负父母的重望，考上了重庆建筑工程学院（现已并入重庆大学），这一年他19岁。在还差一年就毕业的时候，席卷全国每个角落的"文化大革命"开始了。任正非的父亲被关进牛棚，因挂念遭到批斗的父亲又没有钱买车票，任正非有时扒火车回家。因没有车票，他还挨过车站人员的打。当步行十几里路，半夜到家时，父母生怕被人知道，担心他到受牵连而影响前途，还来不及心疼孩子，就催促他第二天一大早返回学校。

有一次，在分别的时候父亲脱下自己唯一的翻毛皮鞋递给他，又特别嘱咐："记住，知识就是力量，别人不学，你要学，不要随大流。'学而优则仕'

是几千年的真理。以后有能力要帮助弟妹。"后来任正非在《我的父亲母亲》（2001年）一文中回忆了父亲和母亲。这篇文章把读者带回那个苦难年代，描绘出一家两代人经受艰难生活煎熬的历史图景，抒发了任正非这位亿万富翁内心深处浓郁的亲情。中国台湾的明基公司甚至把这篇文章列为员工必读之文，其中的感情描写确实能让读者感动落泪。

任正非深知父亲临别嘱咐的分量，于是，钻研技术、啃书本成了他唯一要做的事。任正非回忆：这一次回到重庆，已是"枪林弹雨的环境"，但他坚持不为所动，把数字技术、自动控制、电子计算机等专业技术课自学完。他家人也开他的玩笑说，这些没什么用处的东西也这样努力地学，真让人非常感动、佩服。任正非还把樊映川的《高等数学》习题集，从前到后做了两遍，此后，还读了许多哲学、逻辑学方面的书。他甚至自学了三门外语，当时就达到可阅读大学课本的程度。

正因为这段时间的学习所打下的基础，使任正非见解独到、知识渊博，这都在他后来的讲话中表现出来。他的讲话一针见血、旁征博引，很能吸引人，并能打动现场的听众。

任正非毕业后就业于建筑工程单位，1974年为建设从法国德布尼斯·斯贝西姆公司引进的辽阳化纤总厂，应征入伍成为承担这项工程建设任务的基建工程兵。这一化纤成套设备工程，地点设在中国东北辽阳市，任正非在那里从工程开始一直到建完投产以后才离开。

在此期间，任正非历任技术员、工程师、副所长（技术副团级），最后无军衔。其间，因为做出重大贡献，1978年出席全国科学大会，1982年出席中共第十二次全国代表大会。任正非2013年年底在接受法国媒体采访时谈到这段经历：

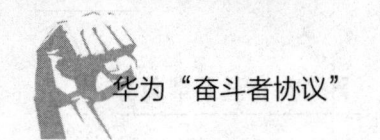

"大学毕业后我当兵了,当的是建筑兵,当然是军官,不是士兵。在中国'当兵'这个说法是指行业,而不是职位。我当兵的第一个工程就是你们法国公司的工程。那时法国德布尼斯·斯贝西姆公司向中国出售了一个化纤成套设备,在中国的东北辽阳市。我在那里从这个工程开始一直到建完投产,然后才离开。我跟法国很有缘分,第一个工程就是法国的。我是从事石油裂解开始的油头8个装置的自动控制工作。当时有400或600多个法国专家在现场指导工作,他们教了我化工自动控制。

因为当时中国比较贫穷,国家的理想就是每一个老百姓都能穿上化纤的衣服。中国人那时认为化纤的衣服很挺,不打皱,很漂亮。那个化纤厂建好以后中国就改革开放了,改革开放后中国人认为棉布比化纤布好。化纤布有个缺点,不透气,一旦着火以后沾在身上烧很危险。这个厂没有实现给每个中国人提供化纤服装的梦想,后来改做包装袋材料,而不是做衣服了。(记者说:丝绸更好。)丝绸很贵啊,那就更不可能了。那时候中国人总体生活水平还是很低的。所以为什么那个时期以化纤为中心,就是为了解决中国人的温饱问题。"

1983年国家调整建制,撤销基建工程兵,任正非复员转业到深圳南海石油后勤服务基地。因工作不顺利,转而在1987年集资21000元人民币创立华为技术有限公司。任正非也对这家法国媒体谈到此次变动:

"因为中国改革开放后,邓小平要裁减军队,要裁减非战斗部队,比如铁道兵和基建工程兵,我们就脱下军装了。我们脱下军装以后就要走向生活。其实那时我们很缺乏生活能力的,因为不熟悉市场经济。中国当时正面临着社会转型,我们这种人在社会上,既不懂技术,又不懂商业交易,生存很困难,很边缘化的。我转业在南海石油深圳开发服务公司工作,这个公司主要是盖房子。(记者问:哪年?)1982—1983年,这时已经是市场经济时代了。南海石油深圳开发服务公司，它不属于石油系统，隶属深圳市政府。

深圳想给南海石油多盖些房子，赚它的钱。我因为不适应市场经济和管理方法，没有干好，人家也不要我了，我只好辞职找工作。转入地方后，不适应商品经济，也无驾驭它的能力，一开始我在一个电子公司当经理，也栽过跟头，被人骗过。后来也是无处可以就业，才被迫创建华为的。华为的前几年是在十分艰难困苦的条件下起步的。"

作为华为公司的创始人，从1988年任公司总裁至今，大概还是因为对知识的追求，任正非才进入了一个技术密集型行业。在创立之初，华为公司靠着代理香港某公司的程控交换机获得第一桶金。

1991年9月，华为公司租下深圳宝安县蚝业村工业大厦三楼，作为研制程控交换机的工作地点，50余名年轻员工随任正非来到这栋破旧的厂房中，开始了充满未知数的艰辛的创业之路。1992年任正非果断地投入到C&C08交换机的研发。他们把整层楼分为单板、电源、总测、准备这四个工段，再加库房和厨房。员工们在高温下夜以继日地工作，挥汗如雨地操作机器，制作和焊接电路板、设计话务台，编写软件程序，修改、调试、再修改。在这些日子里，任正非差不多每天都到现场检查开发和生产的进度，开会研究遇到的问题，彼此分工协作以解决各式各样的问题。到了吃饭的时候，任正非就与大家一起在大排档聚餐，由职位最高的人掏钱请大家吃饭。到若干年以后，华为总部搬到位于深圳龙岗的坂田华为工业园，这时华为熬过了创业之初的艰苦岁月。

1993年末，C&C08交换机终于获得成功，价格比国外的同类产品低三分之二，这使华为顺利地占领了市场。1996年3月，华为与南斯拉夫洽谈合资项目，任正非带领一个十数人的团队，入住贝尔格莱德市的香格里拉酒店，订

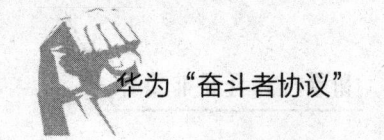

了一个总统套间，每日房费近2000美元。当然，房间并非由任正非独享，而是有十几个人打地铺休息。

1998年任正非发表《华为的红旗到底能打多久》一文，内容取之于他向中国电信调研团的汇报，以及在联通总部与处级以上干部座谈会上的发言。在这篇文章中，任正非特别谈到企业核心价值观的重要性，他说：

"一个企业怎样才能长治久安，这是古往今来最大的问题。华为的旗帜还能打多久？华为在研究这个问题时，主要研究了推动华为前进的主要动力是什么，怎么使这些动力能长期稳定运行，而又不断自我优化。大家越来越明白，促使核动力、油动力、煤动力、电动力、沼气动力……一同努力的源头是企业的核心价值观。这些核心价值观要被接班人所认同，同时接班人要有自我批判能力。接班人是用核心价值观约束、塑造出来的，这样才能使企业长治久安。接班人是广义的，不是高层领导下台就产生个接班人，而是每时每刻都在发生的过程，每件事、每个岗位、每个流程都有这种交替行为，是改进、改良、不断优化的行为。我们要使各个岗位都有接班人，接班人都要承认这个核心价值观。"

2000年任正非发表《华为的冬天》一文。此文当时在IT业界广为流传，许多企业老总向下属推荐这篇文章，如联想总裁杨元庆就是此文的积极推荐者。他们认为这是任正非为IT业敲的一个警钟，值得注意。但也有少数人说任正非"作秀"，还有人猜测这是华为公司在为人事变动制造舆论。但事实是华为2000财年的销售额达220亿人民币，利润以29亿元居全国电子百强企业的首位。任正非这时大谈失败和危机，确实发人深省，具有浓厚的防患于未然的意味，充满着奋斗者的智慧。

2001年后，任正非任命洪天峰为公司的COO，具体负责公司日常业务，这样自己就能够抽出身来，更多地思考华为的未来。2001年3月，任正非访日考察回国后，写下《北国之春》一文。这篇文章影响很大，为许多的企业家、学者专家及大学生、硕士生、博士生所看重，甚至奉为经典，华为的内部员工也多熟读此文。时隔近20年，这篇文章在今天仍具有非常大的现实意义。

2003年1月23日，美国思科公司正式起诉华为美国公司及华为公司，思科认为华为对自己的产品进行了仿制，侵犯了知识产权。面对思科的起诉，任正非一边在美国聘律师进行应诉，一边着手与思科在美国的死对头3Com公司结盟。这年3月，华为与已经进入衰退期的3Com公司成立合资企业"华为三康"。3Com公司的CEO专程为华为作证，表明华为公司没有侵犯思科的知识产权。这次纠纷以双方达成和解而告终。这一年，华为公司开始尝试集体决策机制，由执行管理团队（EMT）来负责公司的运营管理和决策事项。

2007年初，任正非致信IBM公司的CEO彭明盛，希望IBM派出财务人员，帮华为公司实现财务管理模式的转型。

2011年3月4日，任正非首谈接班问题，他在讲话中谈到："华为的交接班是文化的交接班，制度的交接班，这些年一直在进行着，从没有停歇过。华为自成立开始，一直以任人唯贤来选拔干部。"任正非曾经明确表示自己的家人不会进入接班人序列："未来华为的接班人也许是一个团队，我们最终希望能找到一个有效的合适机制，但目前仍在探索。"2011年4月14日任正非在华为的内部谈话中，将华为员工分为三类：第一类是普通劳动者，第二类是一般奋斗者，第三类是有成效的奋斗者。外界给这次讲话的稿子冠以《莫让奋斗者心寒》的标题。2011年12月，任正非还曾在华为内部论坛上发布《一江春水向东流》的文章，透露华为的全员股份制。任正非在文中表示，设计这个制度是受了父母不自私、节俭、忍耐和慈爱的影响。这一年，任正非还创设了华

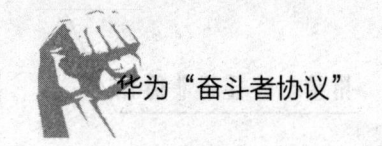

为 CEO 轮值制，每个人轮值半年。采取这一措施，为的是避免公司一朝天子一朝臣，成败系于一人身上。2013 年 1 月 14 日，华为在深圳坂田基地召开"董事会自律宣言、宣誓"大会，任正非与华为其他 10 多位高管一起，面向华为全世界的几百位中高级管理人员做出自律宣言。

在 2016 年 5 月 30 日的全国科技创新大会上，任正非以《以创新为核心竞争力为祖国百年科技振兴而奋斗》为主题发表演讲。任正非说："随着逐步逼近香农定理、摩尔定律的极限，而对大流量、低时延的理论还未创造出来，华为已感到前途茫茫，找不到方向。华为已前进在迷航中。"表现出任正非居安思危的精神。

2018 年 3 月 22 日，华为投资控股有限公司做出公告：任正非不再担任副董事长，变为董事会成员。2019 年 1 月 20 日，任正非接受央视《面对面》访问时说，自己主动放弃"100 名改革开放杰出贡献对象"称号，因为开会时坐不住两小时。

任正非育有一子二女，儿子任平，大女儿孟晚舟，小女儿 Annabel Yao。任正非在媒体面前虽然是一个很低调的人，但却获得了很多的荣誉。

1994 年任正非在北京参加国际通信展，取得极大的成功。2003 年荣获网民评选出的"2003 年中国 IT 十大上升人物"。2005 年入选美国《时代》杂志（Time）"全球一百位最具影响力人物"。2012 年登上《财富》杂志（Fortune Magazine）"中国最具影响力的 50 位商界领袖排行榜"，位列第一名。2011 年任正非以 11 亿美元的身价首次进入"福布斯富豪榜"，排名为中国第 92 位，世界第 1153 位。2012 年获《财富中国》"最具影响力的 50 位商界领袖排行榜"第一位。2013 年又获《财富中国》"最具影响力的商界领袖榜单"第一。2013 年再次名列美国《时代》杂志"全球一百位最具影响力人物"。2015 年 2 月

11日获"2014中国互联网年度人物"。2015年登上"福布斯华人富豪榜"第350位,"全球富豪榜"第1741位。在2016年的"胡润IT富豪榜"上,任正非以105亿元的身家排在第35位。2018年9月任正非入选全球化智库(CCG)"世界最具影响力十大华商人物"。2018年10月24日,入选中央统战部、全国工商联《改革开放40年百名杰出民营企业家名单》。2019年4月,任正非第三次上榜美国《时代》杂志"全球一百位最具影响力人物"。

经济学家张五常曾经这样评价任正非:"话得说回来,尽管我认识的世界级学者一律智商高、用功、分析力强,但算进事业的难度论高下,我们没有一个比得上任正非先生。"这就是说,任正非是一位踏踏实实、克服困难干事业的奋斗者和企业家。

附录二：
华为公司发展简史

华为"奋斗者协议"

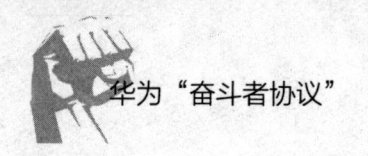

深圳华为技术有限公司

华为公司 1987 年创立于广东深圳，全称为深圳华为技术有限公司，现总部地址在广东省深圳市龙岗区坂田街道华为基地。经过三十余年的奋斗和发展，华为公司已是世界领先的信息与通信技术（ICT）解决方案供应商，并专注于 ICT 领域。通过建构 ICT 基础设施，全面释放 ICT 能力，打造面向运营商数字化转型的开放生态系统，携手产业链合作伙伴及全球运营商，实现多方的商业共赢。

多年来，华为秉承奋斗者精神，坚持稳健经营、持续创新、开放合作的发展战略，在企业、电信运营商、云计算、终端等多个领域，均构筑了端到端的解决方案优势，为运营商客户、消费者、企业用户提供有竞争力的产品和服务，致力于实现未来信息化社会，以构建更美好的全联接世界。尤其在 5G 技术方面，华为处于全球领先的地位。

华为公司的产品和解决方案涵盖宽带、移动、IP、光网络、网络能源、终端、电信增值业务等多个领域，尤其注重提供全 IP 融合解决方案，使最终用户在任何时间、任何地点都可以通过任何终端享受一致的通信体验，方便人们的沟通，丰富人们的生活。

附录二：华为公司发展简史

在业务领域，华为公司长期坚持"被集成"战略，以 eLTE、敏捷网络、云计算、金融和平安城市等解决方案为中心建立广泛的生态圈。华为云计算企业级合作伙伴就达到 500 多家，公有云伙伴则超过万家，华为公司还发展 FusionSphere 开放云计算联盟。华为的敏捷网络也全层次开放，在敏捷物联、敏捷园区和敏捷数据中心等方面发展的生态合作伙伴多达 200 家以上。而在消费者业务领域，华为携手汽车、家电、时尚等行业的国际品牌，在车联网、智能家居、智能手表、智能手机等领域进行联合创新与跨界合作，将这些领域的完美产品体验和前沿科技带给全世界消费者。

在科研开发领域，华为公司积极展开与开发者、产业界、产业标准组织、学术界的密切合作，推动科技创新和商业发展，在业内建立起公平竞争、合作共赢的产业发展生态圈。

在未来的发展中，华为公司将坚持以消费者为中心，借助运营商、电子商务、分销等多种渠道，进一步打造世界最具影响力的终端品牌，为消费者带来满意的移动互联应用体验。与此同时，华为根据电信运营商的特定需求生产和订制终端，促进电信运营商发展自己的业务并取得成功。华为一直都注重 ICT 基础设施领域，围绕着金融、电力和交通、政府、公共事业、能源等客户需求不断地创新，提供可被合作方集成的解决方案和 ICT 产品，助其提升通信、办公及生产系统的效率，从而降低经营的成本。

华为还将对云计算、网络、未来个人和家庭融合解决方案的理解，融入到各类终端产品中，持续地"开放、合作与创新"。华为还与芯片供应商、操作系统厂家、内容服务商等建构良好的合作关系，打造健康完整的终端生态链系统。

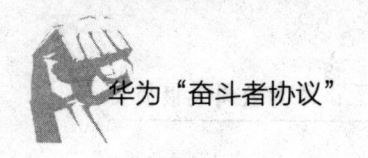

1987—2009 年

在创立之初，华为的主要业务是代理销售一家香港公司的用户交换机（PBX）。从 1989 年开始自主开发用户交换机。1990 年，华为公司开始自主研发针对小企业与酒店的用户交换机，并进行商用开发。华为从 1990 年开始就实行公司员工持股制度，目前任正非个人持股比例为 1.14%。1992 年，华为开始研发并推出用于农村的数字交换解决方案。1994 年推出自有产品 C&C08 数字程控交换机。

1995 年，华为公司的销售额达到 15 亿人民币，收入主要来自中国农村市场。这时华为成立北京研发中心和知识产权部，在 2003 年通过 CMM4 级认证。

1996 年华为推出光网络 SDH 设备及综合业务接入网等，还与香港和记黄埔有限公司签订合同，提供固定网络解决方案。这一年成立上海研发中心，后来在 2004 年通过 CMM5 级认证。这一年华为公司与长江实业集团旗下的和记电讯合作，提供以窄带交换机为核心的商业网络产品。华为 C&C08 机打入香港市话网，开通了许多内地未开通的业务，这就迈出了大型交换机进入国际电信市场的第一步。

在 1996 年，华为也看到中俄达成的战略协作伙伴关系这一变化中隐藏的商机，加快了与俄罗斯合作的步伐，并开始进入到大独联体市场。华为用了三年时间，在莫斯科与诺沃西比尔斯克（西伯利亚首府）间铺设了 3000 多公里长的光纤电缆。

华为从 1996 年开始进行大规模人力资源体系建设。这年 1 月，华为公司要求市场部集体辞职重新竞聘，而市场部所有正职干部，从各区域办事处主任到市场部总裁，都必须提交两份报告，一份为述职报告，另一份为辞职报告。此后，采取答辩的方式竞聘，公司按企业发展需要、个人平时表现及发展潜力，批准其中一份报告。这次竞聘考核淘汰了约 30% 的干部。

1997 年华为推出无线 GSM 解决方案。第二年就将市场拓展到中国主要城市，还与摩托罗拉、IBM、英特尔、德州仪器、杰尔系统、微软、阿尔特拉、高通、英飞凌、太阳计算机系统公司等公司，成立了联合研发实验室。从这一年起，IBM、合益集团、韬睿咨询、普华永道（PWC）和 德国工研院（FhG）成为华为在员工股权计划、流程变革、质量控制、人力资源管理、财务管理等方面的顾问。

在 1998 年 3 月，起草 3 年之久、8 易其稿的《华为基本法》完成并正式实施。全文共 6 章 103 条，多达 16000 多字。这是中国第一部总结企业经营管理原则、价值观、企业战略的企业制度体系或"宪法"，规定了华为的基本组织目标。此时，华为确定 IBM 是自己通向国际级企业道路上的战略合作伙伴和学习榜样，并借鉴 IBM 自 1993 年以来业务模式转型的经验和知识。华为已确定要转变自己的业务模式，由电信设备制造商转向电信整体解决方案提供商和服务商，这样就能充分发挥华为产品线齐全的整体优势。这时约有 50 位 IBM 管理咨询顾问进驻华为。在 5 年的时间里，华为投入约 5000 万美元改造自己的内部业务流程和管理，又组建了一个 300 人的管理工程部配合 IBM 顾

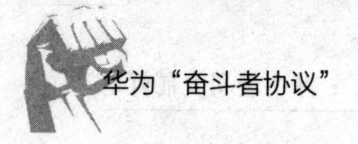

问在华为的工作。

1998年，华为的数字微蜂窝服务器控制交换机获得专利。这一年成立华为南京研发中心，中心在2003年6月通过了CMM4级认证。以1998年为起点，华为公司将触角伸向世界商业的核心欧美市场，而华为取得的第一单合同仅有38美金。现在欧洲市场已成为华为公司的业务重地，多项创新业务的首单都落地欧洲。例如首个分布式基站以及首个2G、3G合并基站，其商用地点在德国。华为将财务中心、风险控制中心、全球能力中心都设在欧洲。就销售收入而言，欧洲具有举足轻重的地位。

1999年，华为公司员工达15000人，销售额也第一次突破百亿元，达到120亿元。这一年华为在印度班加罗尔建立研发中心，分别于2001年及2003年获得CMM4级、CMM5级认证。这一年，华为成为中国移动全国CAMEL Phase II智能网的主要供应者，该网络是那时全球最先进和最大的智能网络。当年华为在俄罗斯设立数学研究所，以此吸引一流的俄罗斯数学家来参加华为的基础性研究。

从1999年到2000年，华为抓住"亚洲金融风暴"后东南亚用户普遍追求高投资回报率的心理，借较竞争对手低30%的价格优势，先后取得越南、泰国、老挝、柬埔寨等国的GSM市场。此后，华为又用同样的方法将优势逐渐扩大到非洲市场和中东地区。

2000年华为引进IBM集成供应链管理（Integrated Supply Chain Management），对公司组织结构进行调整，成立统一的供应链管理部，包括采购、生产制造、客户服务以及全球物流。实际上，早在1996年，华为就先后聘请IBM等十多家英美国家咨询公司，推动华为供应链、研发、市场、财务及人力资源体系的管理改革。这17年来，用于管理改革的总成本达50多亿美元，结果建构了华为公司与现代企业相似或相同的一整套流程和制度，这些基本要素使华为能以奋斗者精神，在全球市场立足并获得成功。

这一年，华为在斯德哥尔摩（瑞典首都）设立研发中心。华为公司2000年的合同销售额超过26.5亿美元，其中，海外销售额在1亿美元以上。同年，在美国达拉斯和硅谷建立研发中心。从2000年起，华为聘用毕马威作独立审计师，负责审计年度财务报表，并根据审计程序和会计准则，评估财务报表是否公允和真实，对财务报表给出审计意见。

虽然2001年到2002年期间，全世界电信基础设施投资量下降50%，华为海外销售额还是从2001年的3.28亿美元上升到2002年的5.52亿美元，增长率达到68%。华为公司还通过了UL的TL9000质量管理体系认证，为中国移动部署全球第一个移动模式。2001年，华为公司以7.5亿美元价格，将非核心子公司Avansys卖给爱默生公司，并在美国建构了四个研发中心，参加国际电信联盟（ITU）。

到了2001年，华为与俄罗斯电信部门签署了上千万美元的GSM设备供应合同。2002年底，华为在俄罗斯又取得一个3797公里的超长距离国家光传输干线订单。

2003年思科公司指控华为侵犯自己部分技术专利。不过，思科最终撤回了诉状，双方解决了彼此所有的专利纠纷，思科承认华为公司没有侵权行为。这一年华为与3Com合作成立合资公司，集中在企业数据网络解决方案的研究和开发。

2003年，华为公司在独联体国家的销售额已超过3亿美元，位于独联体市场国际大型设备供应商的前列。

2004年，华为与西门子成立合资公司，针对中国市场开发TD-SCDMA

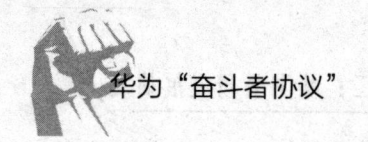

移动通信技术。这一年华为得到中国电信的国家骨干网优化合同。这一项目的目标是要优化中国电信在广东的 163 个骨干网络。按照合同，华为的高端 NE5000 路由器获得 100% 的市场份额，由此成功地进入了国家骨干网的两个超级节点。华为还与中国电信签订合同，建设了 1200 多万个 ADSL 线路，这就进一步巩固了华为的中国电信最大战略合作伙伴地位。

同年，华为获得荷兰供应商 Telfort 公司价值超过 2500 万美元的合同，这是华为在欧洲的首次重大突破。接着，南欧、东欧的市场相继打开，华为又开始挺进北美、西欧，并将欧洲地区部的中心设在法国巴黎。

2005 年，华为的海外合同销售额开始超过国内合同销售额。华为还与沃达丰签订《全球框架协议》，成为沃达丰正式的优选通信设备供应商。这年 4 月 28 日，英国电信（BT）宣布 21 世纪网络供应商名单，华为是其中唯一的中国厂商，还与国际跨国公司入围"八家企业短名单"，为英国电信的 21 世纪网络提供多种业务网络传输设备和接入（MSAN）部件。

这一年，华为公司还获得为泰国 CAT 建设全国 CDMA2000 的 3G 网络合同，价值达到 1.87 亿美元。同年，华为成为澳大利亚运营商新电信澳都斯股份有限公司（Optus）的 DSL 合作商，提供支持语音（含 IP 语音业务）、视频广播、商业服务、高速数据的 DSL 接入设备。截至 2005 年 6 月，华为共设立 10 所联合研发实验室。在这一年，华为向海啸受灾国提供了 500 万美元的设备和现金捐赠。

2006 年，华为以 8.8 亿美元的价格售出 H3C 公司 49% 的股份。并与摩托罗拉合作，在上海成立联合研发中心，主要开发 UMTS 技术。在 2006 年的香港 ITU 展上，华为公司推出了基于 All IP 网络的 FMC 解决方案。本年华为的移动软交换用户数量突破一亿。作为全球移动软交换市场的领跑者，华为的移动软交换出货量位居全世界第一。华为还在 2006 年推出新的企业标识，这一新标识充分体现了创新、聚焦客户、和谐精神、稳健增长等价值观。

2007 年，华为与美国赛门铁克公司合作成立合资企业，开发安全、存储等产品及解决方案。又与 Global Marine 合作成立合资公司，提供海底电缆端到端的网络解决方案，并在这年底成为欧洲所有顶级运营商的合作伙伴，还被沃达丰授予"2007 杰出表现奖"。华为是唯一获得此奖的网络解决方案供应商。华为推出的基于全 IP 网络的移动固定融合（FMC）解决方案，能帮助电信运营商减少能源消耗，节省运作总成本。

2008 年，华为被商业周刊评为"全球十大最有影响力的公司"。根据 Informa 公司这一年的咨询报告，华为在移动设备市场上位居全球第三。华为公司还首次在北美大规模推广 UMTS/HSPA 网络的商用，并为加拿大运营商 Bell 和 Telus 建设下一代无线网络。这一年华为的移动宽带产品全球市场累计发货量超过 2000 万部，ABI 数据分析平台显示，华为公司的市场份额位居世界第一。

2008 年 3 月，华为在德国设立华为欧洲研究所，现已拥有 400 名专家，团队的本地化率近 80%。2008 年底，华为加拿大研究所成立，这是具核心竞争力的 5G 研究中心，分布在多伦多、渥太华、滑铁卢、蒙特利尔四个城市。这一研究所拥有 400 多名研究人员。2008 年华为全年递交 PCT 专利申请 1737 件，超过松下公司（1729 项）及荷兰飞利浦公司（1551 项），据世界知识产权组织统计，排名居 2008 年专利申请公司（人）排行榜的第一位，LTE 专利数量则占到全球 10% 以上。汶川地震之后，华为员工及公司向灾区捐款现金 2630 万元，并捐赠价值达 5800 万元的应急通讯设备。在中国企业联合会、中国企业家协会联合发布的"2008 年度中国企业 500 强排名"中名列第 44 位。

华为"奋斗者协议"

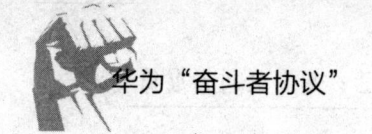

2009年1月16日,北欧电信运营商TeliaSonera宣布已签订两项4G-LTE商用网络合同,华为公司和瑞典爱立信将在欧洲建造LTE移动宽带。华为得到的LTE商用合同数量居世界第一,并首次成功交付海外LTE/EPC商用网络。这年华为全球销售收入达到218亿美元,增长19%,折合人民币约1491亿元。2009年,华为的无线接入市场份额位列全球第二,首先发布从路由器到传输系统的端到端100G解决方案。主要产品都已实现资源消耗同比下降20%以上,在全世界部署了3000多个有新能源供电解决方案的站点。

这一年华为获IEEE标准组织颁发的"2009年度杰出公司贡献奖",还获得英国《金融时报》"业务新锐奖",并入选美国《Fast Company》杂志的"最具创新力公司前五强"。

2010—2015 年

2010年，华为未经审计的销售收入达到280亿美元，相当于人民币1850亿元，相对于2009年增长28%，成为超过诺基亚西门子、阿尔卡特朗讯，仅次于爱立信的世界第二大通信设备制造商，在全球范围部署了80多个SingleRAN商用网络，其中的28个当年已商用发布或是即将发布LTE/EPC业务。

2010年9月，作为中国电信首批推出的天翼千元3G智能手机，华为C8500百日内零售销量破100万台，创下"百日过百万"的业绩。截至这年底，华为制造的天翼终端产品发货超过2000万部，成为推动CDMA产业链发展的重要推动力。根据赛诺2010年的报告，借着与中国电信深度合作，华为终端产品在EVDO市场所占份额已达23.1%，保持市场第一的地位，这极大地推动了华为智能手机跨越式增长。

2010年华为在英国成立安全认证中心，并加入了联合国世界宽带委员会。华为还与中国工信部签署了节能自愿协议。2010年7月8日，美国《财富》杂志公布2010年《财富》世界500强企业最新排名，华为第一次入围。这是继联想之后，闯入世界500强的第二家中国民营科技企业，也是500强中

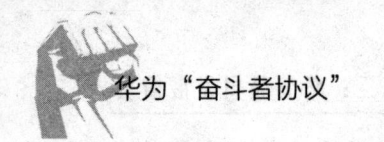

唯一未上市的企业。华为还获得英国《经济学人》杂志"2010年度公司创新大奖"。

2011年,华为发布GigaSite解决方案及泛在超宽带网络架构U2Net,建构了20个云计算数据中心,估计将在云计算领域投入1万人。这一年华为推出华为荣耀(HONOR)手机,智能手机销售量达到2000万部。2011年5月9日华为宣布,已与英国最大移动运营商EE公司签订合同,将全面升级EE在英GSM 2G网络。这是华为公司在英国获得的第一个大规模无线网络合同,合同期四年。同年11月,华为公司与赛门铁克宣布,双方已就华为以5.3亿美元收购华赛49%的股权达成协议。

华为公司在这一年整合成立了"2012实验室",主要研究云计算、新一代通信、机器学习、音频视频分析、数据挖掘等,面向的未来5~10年的发展方向。该实验室旗下拥有不少以世界知名数学家或科学家命名的实验室,如高斯实验室、香农实验室、欧拉实验室、图灵实验室、谢尔德实验室等。当年华为发布HUAWEI SmartCare解决方案,又在世界范围获得6大LTE顶级奖项,表明华为在标准专利、LTE技术研发、产业链整合、商用实践等方面的巨大贡献和持续投入获业内一致认可,同时还入选首批"国家技术创新示范企业"。

2012年2月26日,在巴塞罗那2012年WMC2012展会上,华为发布了首款搭载自研四核移动中央处理器K3V2的手机(Ascend D quad)。此处理器由华为旗下的子公司海思自主设计。这是2012年业内体积最小的四核处理器,华为也因此成为国内首家推出自研手机移动中央处理器的手机厂商。这对于突破高通、德州仪器(TI)、NVIDIA公司对手机中央处理器的垄断具重要意义。

2012年7月30日,华为公司正式在北京发布Emotion UI系统,达到了可分享自主独特应用的目的。这是华为探索研发独立操作系统,整合自身产品的一次有效尝试,为未来推出真正属于自己的操作系统提供了经验。根据IDC数据分析,2012年7月,华为成为全世界第三大智能手机厂商,仅次于苹果和三星。2012年,华为公司推出的Ascend P1、Ascend D1四核、荣耀等中高端旗舰产品在各发达国家市场中热销。

同年,华为公司持续推进全球市场本地化经营,加强在欧洲的投资,尤其加大对英国的投资。华为还在芬兰新建研发中心,在英国和法国成立了咨询委员会和本地董事会。在3GPP LTE核心标准中,华为贡献了全球通过提案总数的20%。华为还发布业内首个400G DWDM光传送系统,又在IP领域发布当时业界容量最大的480G线路板,与全世界33个国家的客户展开云计算合作,建设了7万人规模的全球最大桌面云。

华为的"诺亚方舟实验室"主要是针对人工智能开展研究。这一实验室设立于香港科学园,主任由香港当地大学教授担任,还聘用了全球各地科研人员从事基础研究工作。在这一年,华为公司总结出"以客户为中心,以奋斗者为本"的企业文化。

2013年,华为全球财务风险控制中心在伦敦成立,负责在世界范围监控华为的财务运营风险,确保华为全球财经业务高效、规范、低风险地进行。华为欧洲物流中心也在匈牙利正式投入运营,辐射到欧洲、中东、中亚、非洲等地。

作为英国5G创新中心(5GIC)的发起者、欧盟5G项目的主要推动者,华为发布5G白皮书,积极地建构5G全球生态圈,还与世界范围内的20余所大学开展密切的合作研究。华为对于构建无线行业标准、产业链、未来技术发展做出了积极的贡献。这一年,华为400G路由器商用方案得到49个客户的认可,并规模性地投入商用。另外,华为还首先发布了骨干路由器的1T路由

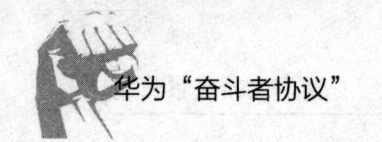

线卡，以及全光交换网络 AOSN 新架构和 40T 超大容量的波分样机。在 2013 年，华为持续领跑全球 LTE 商用部署，已进入了全世界 100 多个首都城市，覆盖世界 9 大金融中心。还发布全球首个以用户体验和业务为中心的敏捷网络架构及世界首款敏捷交换机 S12700，可满足物联网、云计算、BYOD、SDN、大数据、多业务等新的应用需求。

这一年，华为在巴西首次获得 200 万美元的盈利。华为进入巴西市场近 20 年，亏损累计达到 13 亿美元，亏损的主因是对巴西法律环境缺乏了解。这也是许多外国公司在巴西长期亏损的原因。如以每年 6000 万美元盈利目标计算，从 2013 年开始，还需 22 年才可能实现扭亏为盈。可见华为奋斗者开拓海外市场的艰难。

2013 年，华为公司主要有三大板块业务，包括企业网、消费电子、通信网络设备（运营商）。其中，消费电子业务发展尤为迅速，当年旗舰机型 Ascend P6 实现了利润和品牌的双赢。整个智能手机业务也获得了历史性突破，进入世界前三位，仅次于苹果和三星。在这一领域，华为以消费者为中心，持续聚焦在精品战略上，以行践言，手机的品牌知名度全球同比增长达到 110%。也在这一年，华为首超世界第一大电信设备商爱立信，排名《财富》"世界 500 强"第 315 位。

2014 年 2 月，随着华为在全球市场取得瞩目的业绩，华为道德遵从委员会（CEC）也在此时成立。这个机构下面是全球各实体组织中的 107 个道德遵从办公室（OEC），再下面有 7758 个 OEC 小组。在这些组织中有 5193 名各级委员，都是通过民主选举产生的。CEC 与华为公司董事会、监事会一起构成企业治理的三驾马车。这个系统的主要职能就是规范和引导华为员工，从习俗、宗教、语言、生活习惯等方面主动融入和适应所在地区或国家。

同年 2 月 27 日，在西班牙巴塞罗那市举行的 2014 年世界移动通信大会上，华为公司与欧盟及产业界各方共同推动的 5G-PPP Association（5G 公私合作联盟）正式成立。2014 年，华为在全球 9 个国家建立了 5G 创新研究中心，承建了全球 186 个 400G 核心路由器商用网络，并为全球客户建设了 480 多个数据中心，包括 160 多个云数据中心。华为全球研发中心的总数也达到了 16 个，联合创新中心达 28 个，还在全球范围加入了 177 个开源组织和标准组织，在这些组织中担任 183 个重要职位。这一年，华为公司智能手机的发货量超过 7500 万台。

2015 年是华为奋斗者取得辉煌业绩的一年。根据世界知识产权组织 2015 年公布的数据，在企业专利申请排名方面，华为以 3898 件的申请数量连续第二年位列第一。华为 LTE 在 2015 年进入全球 140 多个首都城市，成功部署了 180 多个 EPC 商用网络和 400 多个 LTE 商用网络。在光传送领域，华为公司与欧洲运营商共同建构了全球首个 1T OTN 网络，还与英国电信共同完成业内最高速率 3Tbps 光传输现网测试。这一年华为发布了世界首个基于 SDN 架构的敏捷物联解决方案，及世界首款 32 路 x86 开放架构小型机昆仑服务器。

2015 年 1 月 20 日，华为公司在陕西省西安市宣布，网络功能虚拟化开放实验室（NFV Open Lab）正式启动，首期的投资超过 500 万美元。此后，华为设立俄罗斯研究所。该所独立于欧洲研究所，曾在 3G 和 2G 算法层面有巨大突破。这一研究所拥有大数据分析能力中心、非线性能力中心、算法工程化能力中心、信道编译码能力中心、信源编解码能力中心、并行编程能力中心、最优化能力中心这 7 个"能力中心"，以集结当地基本算法方面的人才。5 月 7 日，华为公司宣布在比利时鲁汶成立华为欧洲研究院。同年，华为松山湖基地启动了全球认证检测中心（GCTC）新实验楼绿色建筑试点，建成后

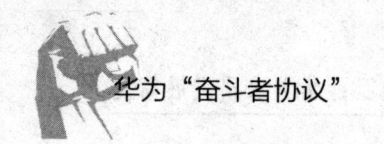

将满足美国 LEED（Leadership in Energy and Environmental Design）金级和中国绿色建筑三星认证要求。华为还在印度开设新研发园区，将园区的容纳人数从目前 2500 人增加到 5000 人。这一年华为研发投入达人民币 596 亿元，占当年销售收入的 15.1%。近十年以来，华为已经在研发领域投入了人民币 2400 多亿元。

2015 年，华为智能手机呈现爆发式增长，发货超过 1 亿台，在全球智能手机市场稳居世界前三。在这一领域，中高端产品、荣耀模式、海外高端市场均快速发展，年销售收入增幅超过 70%，市场份额稳居世界前三强之列。P7、Mate 7 等精品智能手机获得成功后，P8、Mate 8 进一步加固中高端地位。荣耀品牌又以其活力和亲和力联接起更多消费者，实现了收入翻番。服务、海外市场渠道、零售等能力建设都富有成效。此外，华为的手环及手表引领着时尚潮流，车载产品成功地与全球领先汽车品牌展开合作，软件体验及云业务也迅速进步，有助于在格局上实现围绕用户的全场景生活体验。

中国市场因受益于运营商 4G 网络建设，及制订企业、行业解决方案能力增强，2015 年华为的智能手机市场份额位居第一（据 GFK 数据），总计实现销售收入 1676.9 亿元，同比增长 54.3%。欧洲、中东、非洲地区（EMEA）受益于无线及固定网络快速增长，以及智能手机市场份额的提高，实现销售收入 1280.16 亿元，同比增长达到 27.2%。亚太地区则受益于菲律宾、泰国、印度等地市场基础网络建设，保持增长势头，实现销售收入 505.27 亿元，同比增长达 19.1%。美洲地区受益于阿根廷、秘鲁、墨西哥等国运营商通信网络的大幅投资，加上美国智能手机业务的快速增长，销售收入达到 389.76 元，同比增长为 26.4%。

在 2015 年的运营商业务领域，华为的 4G 设备在全世界被广泛部署，已经进入 140 余个国家的首都。同时，华为也发布了 4.5G 解决方案，在保护 4G 投资的同时满足消费者不断升高的体验需求。在企业业务领域，华为推行业务驱动的 ICT 基础架构（BDII）行动纲领，引领企业网络向 SDN 转型，使企业 IT 转向云架构。不少世界财富 500 强企业选择了华为，其中有建行、工行、德国铁路集团、奔驰、大众等。华为还承建了全世界 280 多个 400G 核心路由器商用网络，支持着 1500 多张客户网络的稳定运行，保障了世界 130 多个重大事件及自然灾害中的网络稳定。

到 2015 年年底，华为公司云计算的企业级合作方达到 500 多家，服务覆盖全球 108 个国家和地区的 2500 多家客户，涉及政府、运营商、公共事业、金融、能源等行业，布置超过 140 万台虚拟机。华为在全世界有 660 个数据中心，其中 255 个是云数据中心。

2015 年，华为公司继续推进全球回收体系建设，开展平板电脑、手机等废弃产品回收，扩展生产者的责任，降低电子废弃物对环境的污染，提高对资源的利用效率。到 2015 年年底，华为公司全球回收站点已覆盖 26 个地区和国家，总数目达 444 个。这一年华为中国区增加 165 个回收站点，海外增加 102 个回收站点，覆盖范围包括 14 个国家和地区。

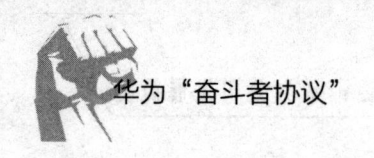

2016—2019 年

2016年5月，华为设立迪拜研究中心，主要满足北非和中东地区的业务需要。2016年6月8日，"2016年BrandZ全球最具价值品牌百强榜"发布，华为排名跃升20个位次，达到第50位。6月14日，华为宣布成立法国数学研究所。这家研究所旨在挖掘法国基础数学资源，聚焦通信网络层、物理层、分布式计算及并行计算、数据压缩存储等基础算法的研究，还长期追踪5G等战略项目或短期产品，进行分布式算法全局架构设计等。华为还在巴黎建构了美学、数学、无线标准、家庭终端四个研发中心。华为常务董事徐文伟在研发中心成立时说："华为已经走入'无人区'，没有引路者，也没有跟随者，而且未来还有很多不确定性。"

7月26日，华为消费者业务CEO余承东透露："2016年上半年，华为智能手机销售量6056万台，较2015年增长了25%；营收为774亿元，较2015年增长了41%。"同年8月，全国工商联发布"2016中国民营企业500强"榜单，华为公司以3950.09亿元年营业收入居500强榜首。华为公司在"2016中国企业500强"中排到第27位。

截至年底，华为员工数量达到17万人以上，华为公司的解决方案和产品已应用于世界 170 多个国家，为"全球运营商 50 强"中的 45 家和全球 1/3 人口提供服务。具体包括业务与软件、核心网、无线接入、固定接入、传送网、数据通信、OSS、安全存储、华为终端、能源与基础设施这十个方面。

截至 2016 年年底，华为总计在全球 168 个国家设立了代表处或分公司，又根据不同地区或国家的技术优势，在美国、欧洲、日本、新加坡、印度等地构建了 28 个创新中心、16 个研究所、45 个产品服务中心。华为的研发团队达到 7 万多人，是全球规模最大的公司。公司每年销售额的 10% 投入到研发中，过去 10 年研发投入累计达到 250 亿美金。在 2016 年世界研发投入排名前 10 的企业中，华为居第 9 位，约 92 亿美元，已经超过思科、苹果等巨头。此时华为累计获得的专利授权达到 36511 件。

在这个世界范围的市场网络及研发平台上面，产品研发的需求来自华为公司，欧美顶尖专家设计架构，硬件则由华为中国公司完成，主要由印度科技人才承担软件部分，制造主要是由富士康公司完成，最后再由华为全球市场网络销售。

2016 年华为公司还在中国和美国同时发起对三星的专利诉讼，指出三星公司未经授权在其手机中使用了华为的操作系统、用户界面软件、4G 蜂窝通信技术等，而这些专利对于智能终端产品互联互通和用户体验非常重要。

2017 年初，华为确立公有云战略。6 月 6 日，"2017 年 BrandZ 最具价值全球品牌 100 强"公布，华为排名第 49 位。6 月 30 日，华为公司荣获中国商标金奖的马德里商标国际注册特别奖。这年 8 月，华为公司内部发文宣布实施组织架构调整，将隶属于华为产品与解决方案部的云业务部门 Cloud BU，从二级部门提升为一级部门，授予更大的业务自主权。华为当时的轮值 CEO、副董事长徐直军提出："华为 Cloud BU 要以崭新的组织形态、崭新的运作方式、

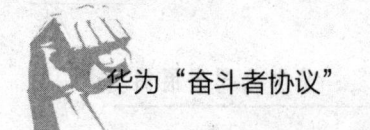

崭新的运作背景，崭新地面向客户。"

　　同年9月，华为宣布三年内将成为中国公有云市场第一玩家，并要进入全球前五强。11月，华为登上"2017年中国大陆创新企业百强榜单"。2017年12月21日，华为与百度共同宣布进行全面战略合作。作为一家高科技公司，截至2017年年底，华为公司拥有专利数量达到74307件。

　　2018年年初，华为发表2017年年报，宣告新的使命与愿景："将数字世界带入每个人、每个家庭、每个组织，构建万物互联的智能世界。"2月23日，世界移动通信大会（MWC）召开前夕，华为与沃达丰在西班牙完成世界首次5G通话测试。这次测试使用了Sub6 GHz频段和非独立3GPP 5G新无线标准。华为公司表示，测试结果表明基于3GPP标准的5G技术已经成熟。2月27日，华为与Fraunhofer IIS（音频及媒体技术研究机构）签订了一项MPEG-4音频专利组合全球许可协议。5月13日，华为与电广传媒签署战略合作协议。

　　2018年6月20日发布的2018年"中国500最具价值品牌"中，华为公司排在第6位（3215.63亿元）。这一年华为开始面临来自国际上的挑战和困难，但华为公司以奋斗者的坚定予以应对。6月21日，有美国议员敦促Alphabet旗下的谷歌公司重新考虑与华为之间的关系，使华为公司的发展面临严峻挑战。实际上，华为一向遵守美国等所在国和联合国的法律，甚至将美国法律视为国际法，因为美国可在全球利用自己的法律制裁和打击任何企业。同年7月，华为公司与大庆油田公司在深圳签订战略合作协议。7月19日，美国《财富》杂志发布了本年"世界500强名单"，华为公司排在第72位。2018年8月，华为公司在山西吕梁设立华为山西（吕梁）大数据中心。

　　8月23日，澳大利亚政府以国家安全忧虑作为理由，禁止华为和中兴为其规划中的 5G 移动网络供应设备。同日，中国外交部发言人陆慷将这一举动称之为"歧视性做法"和"人为设置障碍"，敦促澳政府为在该国经营的中国企业提供公平竞争环境。9 月 29 日，华为联手中国联通演绎了国内第一个 5G 异地合奏音乐会。10 月 10 日，华为公司推出自动驾驶移动数据中心。10 月 11 日，华为和百度在 5G MEC 领域实现战略合作。10 月 12 日，华为公布公司在量子计算领域的最新进展：量子计算模拟器 HiQ 云服务平台问世。12 月 18 日，世界品牌实验室编制的"2018 世界品牌 500 强"揭晓，华为排在第 58 位。12 月 24 日，华为公司宣布智能计算战略。

华为 2018 年全球销售收入达 7212 亿元，同比增长达 19.5%；净利润达 593 亿元，同比增长达到 25.1%。

2019 年 3 月，华为表示，美国政府涉嫌攻击公司的服务器，窃取源代码和邮件。此前不久，华为公司在深圳总部发布重要声明：决定起诉美国政府。3 月 19 日，世界知识产权组织发布年度报告，显示华为公司专利申请量位居全球企业第一。

同年 5 月 16 日，美国商务部工业和安全局将华为公司及 68 个华为附属公司列入限制名单。5 月 17 日，由某一位教授领导的华为操作系统团队开发出了自主产权的操作系统，被命名为鸿蒙系统。5 月 20 日，美国宣布对华为的禁令推迟 90 天实施。6 月 25 日，华为获中国首张 5G 终端电信设备进网许可证。

6 月 29 日，中美两国元首会晤后，美国总统特朗普在记者会上表示同意让美国公司继续销售产品给华为。对于特朗普的这些表态，中方给予了回应。中国外交部 G20 特使、国际经济司司长王小龙在另一场记者会上表示："如果美方说到做到的话，我们是欢迎的。"

华为"奋斗者协议"

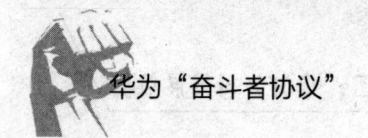

截至 2019 年 6 月底,面对来自国际上的挑战,华为已在全球 30 多个国家签署了 50 个 5G 商用合同,5G 基站发货量累计达到 15 万个。从欧洲到中东、亚太地区,世界许多运营商都已积极开始 5G 网络部署。

参考文献

1. 王育琨.苦难英雄任正非（华为基本法：想通就能走通）[M].南京：江苏凤凰文艺出版社，2019.

2. 余胜海.用好人，分好钱：华为知识型员工管理之道[M].北京：电子工业出版社，2019.

3. 吴大有.读懂华为30年：执念是一种信仰[M].北京：中国商业出版社，2018.

4. 甘延青.华为绩效管理法[M].北京：台海出版社，2018.

5. 吴晓波，约翰·彼得·穆尔曼，黄灿，郭斌.华为管理变革[M].北京：中信出版社，2017.

6. 张继辰.华为员工培训读本系列：华为的时间管理[M].北京：海天出版社，2017.

7. 倪志刚，孙建恒，张映.华为战略方法[M].北京：新华出版社，2017.

8. 王京刚.华为人力资源管理（活用版）[M].北京：中国铁道出版社，2017.

9. 黄卫伟.价值为纲：华为公司财经管理纲要[M].北京：中信出版社，2017.

10. 黄卫伟.以客户为中心：华为公司业务管理纲要[M].北京：中信出版社，2016.

11. 黄卫伟.以奋斗者为本：华为公司人力资源管理纲要[M].北京：中

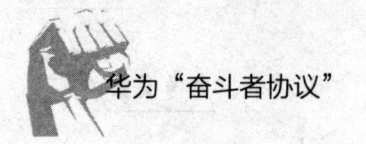

信出版社，2014.

12. 黄志伟. 华为管理法：任正非的企业管理心得［M］. 苏州：古吴轩出版社，2017.

13. 周留征. 华为创新［M］. 北京：机械工业出版社，2017.

14. 田涛，吴春波. 下一个倒下的会不会是华为：故事、哲学与华为的兴衰逻辑［M］. 北京：中信出版社，2017.

15. 张利华. 华为研发（第3版）［M］. 北京：机械工业出版社，2017.

16. 黄继伟. 华为工作法［M］. 北京：中国华侨出版社，2016.

17. 黄继伟. 华为内训［M］. 北京：中国友谊出版公司，2016.

18. 吴春波. 华为没有秘密［M］. 北京：中信出版社，2016.

19. 邢柏. 关键的少数：任正非说干部培养［M］. 长春：北方妇女儿童出版社，2016.

20. 张继辰，王伟立. 华为员工培训读本系列：华为目标管理法［M］. 北京：海天出版社，2015.

21. 约翰·伯恩. 蓝血十杰［M］. 海口：陈山、真如，译. 海南出版社，2014.

22. 冠良. 任正非管理思想大全集［M］. 北京：海天出版社，2011.

23. 斯坦利·麦克里斯特尔. 赋能：打造应对不确定性的敏捷团队［M］. 林爽喆，译. 北京：中信出版集团，2017.

24. 尼克·米尔顿、帕特里克·拉姆. 知识管理：为业务绩效赋能［M］. 吴庆海，张丽娜，译. 北京：人民邮电出版社，2018.

25. 玛丽莲·阿特金森，蕾·切尔斯. 被赋能的高效对话：教练对话流程实操［M］. 杨兰，译. 北京：华夏出版社，2015.

26. 王伟立，李慧群. 华为的管理模式（第3版）[M]. 北京：海天出版社，2012.

27. 文中子. 止学[M]. 黄山：马树全注：黄山书社，2010.

28. 记者傅天明报道. 华为："自愿"的奋斗者协议[M]. 瞭望东方周刊，2010.